ZODIAQUE CHINOIS

Directeur de collection

Patrick Ravignant

CHÈVRE

1907-1919-1931
1943-1955-1967-1979

*Dans la tradition asiatique,
selon les régions, la « Chèvre »
peut être remplacé par le « Mouton »*

Catherine Aubier

avec la collaboration de
Josanne Delangre

FRANCE-
AMÉRIQUE

Maquette intérieure et fabrication : J.B. Duméril
Iconographie : Patrick Ravignant
Couverture : Les Communicateurs avec une illustration de Patrice Varin

Édité et distribué par
France-Amérique
170 Benjamin Hudon
Montréal, Québec
H4N 1H8
Tél.: (514) 331-8507

COMMENT LIRE
CET OUVRAGE ?

Chacune des parties de cet ouvrage vous propose une manière particulière de situer votre personnalité dans le cadre de l'astrologie chinoise. Ces différentes perspectives débouchent sur un point de vue élargi, souple et diversifié quant aux principales tendances de votre caractère, de votre comportement et aux grandes lignes de votre destin.

I

Quels sont les traits spécifiques de votre signe chinois, déterminé par *l'année de votre naissance* ? (page 17)

II

Quel est votre Compagnon de route, c'est-à-dire le signe de *l'heure de votre naissance* ? (page 52)

III

Quel est *votre Élément* (Terre, Eau, Feu, Bois, Métal) et quelles en sont les caractéristiques ? (page 65)

IV

La synthèse de votre signe chinois et de votre signe occidental (Bélier, Taureau, etc.) apporte de multiples nuances qui permettent d'affiner sensiblement votre portrait psychologique. Cherchez le *type mixte* auquel vous vous rattachez. (page 90)

V

Le jeu du *Yi King astrologique* adapte l'antique Livre des Mutations taoïste à chaque signe chinois. Il vous offre la possibilité de poser des questions sur tous les problèmes vous concernant, des plus quotidiens aux plus généraux, et d'obtenir des oracles appropriés à votre situation. (page 103)

LES MYSTÈRES DE L'ASTROLOGIE CHINOISE

中如珠在那清的水裏面透的都明。理在濁的氣中如珠在那

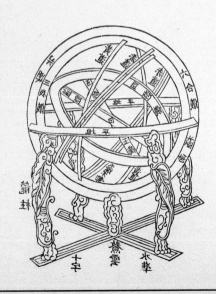

而未嘗亡也。是其魂升魄降、雖已化而無有、然理之根於彼者

La légende du Bouddha.

Un certain nouvel An chinois, plus de cinq siècles avant notre ère, le Seigneur Bouddha invita tous les animaux de la création, en leur promettant une récompense à la mesure de sa toute-puissante et miraculeuse mansuétude. L'âme obscurcie par leurs préoccupations du moment – ne dit-on pas en Orient que le propre de l'animal est de manger, dormir, s'accoupler et avoir peur ? – presque tous dédaignèrent l'appel du divin Sage. Douze espèces furent toutefois représentées. Ce furent, dans l'ordre de leur arrivée, le Rat, le Buffle, le Tigre, le Chat, le Dragon, le Serpent, le Cheval, la Chèvre, le Singe, le Coq, le Chien et le Sanglier. D'autres traditions remplacent le Chat par le Lièvre et le Sanglier par le Cochon.

Pour les remercier, le Bouddha offrit à chacun une année qui lui serait désormais dédiée, porterait son nom, resterait imprégnée de son symbolisme et de ses tendances psychologiques spécifiques, marquant, d'âge en âge, le caractère et le comportement des hommes naissant cette année-là.

Ainsi fut établi un cycle de douze ans, épousant la succession et le rythme de ce bestiaire fantastique. (On peut imaginer le travail vertigineux des astrologues si toutes les bêtes avaient répondu à cette convocation !)

Telle est la légende.

Un cycle lunaire.

En réalité, l'astrologie chinoise est très antérieure au développement du Bouddhisme extrême-oriental, dont l'implantation n'a commencé qu'au Ve siècle de l'ère chrétienne, soit environ mille ans après la mission terrestre du Bouddha Gautama. Or des astrologues pratiquaient déjà leur art en Chine dix siècles avant le Christ. Mais les origines mêmes de cette astrologie sont aussi controversées qu'immémoriales.

Un point est incontestable. Contrairement à l'Occident qui a élaboré une astrologie solaire, fondée sur les déplacements apparents de l'astre diurne dont la position change, de mois en mois, dans notre zodiaque, l'Extrême-Orient a édifié une astrologie lunaire, basée sur le cycle annuel des lunaisons. Voilà pourquoi le nouvel An asiatique – fête du Têt chez les Vietnamiens – ne tombe jamais exactement à la même date. (cf. tableau p. 123)

Les phases de la lune sont également importantes pour un astrologue occidental, mais leur signification et leurs implications n'ont rien de comparable, ne s'inscrivant pas dans le même contexte, le même jeu de correspondances.

Sans entrer dans des considérations trop scientifiques – qui sortiraient du propos de cet ouvrage – rappelons simplement l'évidente et multiple influence de la lune, tant au niveau des lois physiques – mouvements des marées – que sur des plans plus subtils concernant la vie du corps – menstruation féminine – et les profondeurs les plus obscures du psychisme. Le terme *lunatique* a un sens tout à fait précis, voire clinique. Des études statistiques récentes ont permis par exemple de souligner un étrange et significatif accroissement de la violence et de la criminalité sanglante les soirs de pleine lune.

D'autre part, des expériences rigoureuses ont démontré l'impact direct de notre satellite sur la composition chimique de certains corps, dont la structure moléculaire peut être modifiée, selon qu'ils sont ou non exposés à la lumière lunaire.

Les nuances.

Nous voici donc avec nos douze animaux emblématiques de l'astrologie orientale. Est-ce à dire que toutes les personnes ayant vu le jour dans une même année du Rat ou du Cheval seront soumises aux mêmes schémas de caractère et de destin ? Pas plus que les natifs du Bélier ou de la Balance ne sont tous réductibles à un même scénario zodiacal.

Dans notre astrologie occidentale, la position des planètes, le calcul de l'Ascendant, du Milieu-du-Ciel et des Maisons permettent d'affiner et d'individualiser considérablement un thème. De même, en Asie, on obtient des résultats d'une surprenante minutie et complexité en intégrant aux données initiales des facteurs tels que le *Compagnon de Route*, déterminé par l'heure de naissance (mais à ne pas confondre avec notre Ascendant), et l'*Élément* prédominant, qui se rapporte aux cinq Éléments – *Terre, Eau, Feu, Bois, Métal*.

Ce triple point de vue – *animal emblématique, Compagnon de Route* et *Élément* – offrira au lecteur une diversité de références complémentaires, un ensemble de perspectives plus riches et plus précises, auquel nous avons adjoint un tableau détaillé des rapports entre signes chinois et signes occidentaux : les deux astrologies étant, par nature, toujours différentes, mais jamais contradictoires, leur rapprochement et leur fusion ne pouvaient aboutir qu'à un approfondissement des types psychologiques issus de l'une et de l'autre.

Il faut cependant insister sur le fait que si l'analogie tient une place éminente dans l'astrologie chinoise, elle n'a ni le même sens, ni la même portée souveraine que pour les Occidentaux.

Chaque signe chinois est un univers en soi, un petit cosmos comportant des lois et des domaines propres, tout à fait indépendants des autres signes. Créature vivante, douée de pouvoirs et de fonctions spécifiques, cet animal emblématique se déploie dans une dimension particulière, originale, crée sa jungle, son nuage, ou son souterrain, définit ses mesures, ses cadences, sa respiration, secrète sa propre chimie – ou plutôt son alchimie. C'est une image souple, mobile, fluctuante, assujettie aux métamorphoses et aux contradictions internes.

Il ne faut surtout pas y chercher un cadre fixe, une

structure rigide, une cage de catégories mentales et d'équations psychologiques plus ou moins rassurantes, où calfeutrer et caler un ego angoissé, toujours en quête d'une réconfortante et flatteuse projection de ses désirs et de ses craintes.

Les correspondances qui nous relient à notre signe chinois sont souvent impossibles à figer dans des formules exclusives, des classifications linéaires.

Le symbole asiatique ne se cerne pas ; il se décerne, comme un cadeau des dieux, du Temps et du Mystère, cadeau savoureux ou empoisonné, qu'un Oriental accepte, avec humilité, dans les deux cas, parce qu'il sait que la saveur peut naître du poison, comme le poison de la saveur.

Le Sage
Confucius

Parfois, dans le cours d'une vie, ce sont les circonstances elles-mêmes, plus que tel ou tel trait de caractère, qui semblent véhiculer et concrétiser les principales tendances du signe. En d'autres termes, autour d'un Dragon ou d'un Coq se construira une certaine trame d'événements, majeurs ou mineurs, un peu comme un fond sonore, un arrière-plan symphonique de style Dragon ou Coq.

Avoir et Être.

L'astrologie chinoise inspire et infléchit, depuis des siècles, les décisions et le comportement de centaines de millions d'individus, en Chine, au Japon, en Corée, au Vietnam, avec une intensité qu'il nous est difficile de mesurer et même d'admettre.

Le retour sur soi-même

Pour mieux comprendre l'esprit dans lequel les Asiatiques rattachent cette pratique à leurs problèmes quotidiens, il faut souligner un point capital, qui constitue probablement la différence fondamentale entre les civilisations occidentale et orientale — une ligne de partage et de démarcation quasi infranchissable.

Dans notre société de consommation — quelle que soit la nuance admirative ou péjorative associée à ce terme — la question primordiale, de la naissance à la mort, et à tous les niveaux d'activité, se pose ainsi : « *que puis-je avoir ?* » Acquérir, conquérir, posséder. Avoir : biens matériels, fortune, chance, honneurs, pouvoir, célébrité, succès amoureux, prestige, métier, famille, santé, maison, amis, ou encore culture, savoir, érudition. Que puis-je avoir, conserver, accroître ?

Telle est bien la question lancinante, obsessionnelle, qui sous-tend l'ensemble de nos motivations.

Il suffit de songer aux *modèles* qu'on nous propose : vedettes politiques, super hommes d'affaires, stars du spectacle, artistes ou savants célèbres, champions sportifs, héros de romans noirs ou de bande dessinée, idoles de tous poils, tous ces personnages incarnent le triomphe et la glorification de l'Avoir. Ils peuvent tous dire : « j'ai le plus de puissance, j'ai le plus d'argent, j'ai le plus de records, j'ai le plus de diplômes et de compétences, ou même, j'ai le plus grand amour et, encore, pourquoi pas, j'ai le plus terrible drame, la plus affreuse maladie », etc. La valorisation passe exclusivement par l'avoir.

Bien mieux : la publicité, aujourd'hui omniprésente, consiste, pour l'essentiel, à proclamer qu'il faut absolument *avoir* telle ou telle marque de tel ou tel produit pour *être* — dynamique, séduisant, bien dans sa peau, heureux, comblé.

Pour l'Orient traditionnel, la question décisive n'est pas « *que puis-je avoir ?* » mais « *que puis-je être ?* ».

Le modèle recherché n'est pas celui du grand chef, du superman de la finance, du héros, du champion toutes catégories, mais celui du Sage, pauvre et nu, vivant dans une liberté intérieure totale et une parfaite béatitude. Devant lui, les princes et les magnats se prosternent, car il est l'image de la plus haute réalisation possible de l'homme.

Ajoutons que dans cette perspective, le Sage ne renonce à rien, bien au contraire, puisque ayant atteint la suprême

Les mondes subtils

réalité il est incommensurablement plus riche que les plus fastueux nababs. C'est nous qui, par nos attachements fragmentaires et illusoires, nos convoitises infantiles, nos incessants conflits, renonçons continuellement à la plus merveilleuse félicité – à Dieu.

« *Qui suis-je ?* » Quelles que soient les approches et les méthodes particulières, écoles, sectes ou ascèses, cette question − en apparence si simple et si banale − est la base et la clef de toute la culture orientale, de ces chemins de libération intérieure, ces voies de connaissance réelle qui se nomment Yoga, Védanta, Tantrisme, Tao, Zen, pour ne citer que les plus connus.

Dans cette optique, la démarche astrologique chinoise peut nous paraître déconcertante. L'Asiatique ne pense pas : « *j'ai* telles prédispositions, aptitudes ou faiblesses, inhérentes à mon horoscope », mais plutôt : « comment puis-je *être* Tigre, ou Chèvre, ou Chien, dans toutes les circonstances de la vie ? »

Les penchants et tendances ne sont jamais l'objet d'un quelconque « avoir », au sens où nous disons couramment : « je possède telle qualité ou tel défaut. » Il s'agit plutôt de directions, impliquant une progression souple et rythmique, une sorte de danse poétique du destin, chaque animal ayant alors son pas, ses pirouettes et ses entrechats, toute une chorégraphie spécifique.

Cette nuance doit être bien perçue pour qui veut évoluer sans s'égarer ni tourner en rond dans cet immense domaine de chatoiements et de mouvances.

Le Yi-King astrologique.

Dans la dernière partie de ce volume, nous proposons un jeu inspiré des oracles du Yi-King, et adapté à chaque signe.

« Le Yi-King, écrit Alan Watts (*Le Bouddhisme Zen*, Payot), est un ouvrage de divination contenant des oracles basés sur 64 figures abstraites, chacune d'elles étant composée de 6 traits. Ces traits sont de deux sortes, traits divisés ou négatifs, et non divisés ou positifs. Un psychologue moderne y verrait une analogie avec le test de Rorschach dont le but est d'établir le portrait mental d'un individu d'après les idées spontanées que lui suggère une tache d'encre au dessin tarabiscoté. Le sujet capable de percevoir ses projections dans la tache d'encre pourrait en déduire des renseignements utiles pour guider son comportement futur. Considéré sous cet angle, l'art divinatoire du Yi-King ne peut être taxé de vulgaire superstition.

Un pratiquant du Yi-King pourrait en effet soulever une critique de poids concernant les méthodes auxquelles nous faisons appel lorsque nous avons d'importantes décisions à prendre. Nous sommes convaincus que nos décisions sont rationnelles parce que nous nous appuyons sur un faisceau de données valables touchant tel ou tel problème : nous ne

Rapport des signes et des maisons lunaires

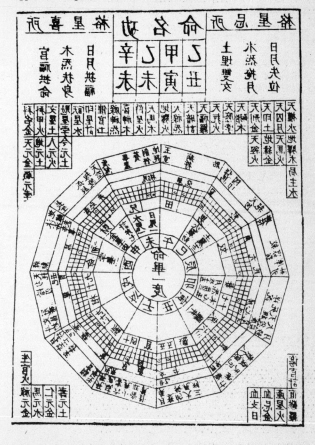

nous en remettons assurément pas au jeu de pile ou face. Il pourrait cependant demander si nous savons quelle information est vraiment valable étant donné que nos plans sont constamment bouleversés par des événements absolument imprévisibles. Si nous étions rigoureusement rationnels dans le choix des informations destinées à guider notre comportement, il faudrait tellement de temps que le moment de l'action serait écoulé avant que l'on ait recueilli suffisamment de données. En fait, si nous nous lançons à la recherche de ces informations d'une façon initialement scientifique, nous sommes rapidement contraints d'agir, soit sur un caprice intuitif, soit parce que nous sommes fatigués de réfléchir ou que le moment est venu de choisir.

Autrement dit, nos décisions les plus importantes sont basées en majeure partie sur des impressions, sur notre capacité à « sentir » une situation.

Tout pratiquant du Yi-King sait cela. Il sait que sa méthode n'est pas une science exacte, mais un instrument utile et efficace s'il est doué d'une intuition suffisante, ou, comme il dirait, s'il est *« dans le Tao »...*

Immergeons-nous pleinement dans cet univers féérique, afin d'élargir notre vision du monde et d'affiner la perception de notre propre destin.

LE YIN ET LE YANG

Le *Yin* et le *Yang* sont le symbole des deux principes antagonistes et complémentaires dont le jeu indissociable et la constante métamorphose représentent le fondement, le tissu même de l'univers en action. Ils figurent les éternelles paires d'opposés Positif-Négatif, Oui-Non, Blanc-Noir, Jour-Nuit, Plein-Vide, Actif-Passif, Masculin-Féminin, etc. Chacun contient l'autre en germe. C'est pourquoi l'homme (Yang) porte en lui une part féminine (Yin) et la femme (Yin) une part masculine (Yang).

Le couple Yin-Yang est indissoluble et mouvant, chacun des deux termes devenant le terme opposé et complémentaire. C'est ce qu'exprime la traditionnelle figure

Au moment où le Yang (blanc, actif) est à son apogée – partie renflée – le Yin (noir, passif) se substitue à lui insensiblement – partie effilée – et réciproquement.

Le Yin et le Yang n'ont en aucun cas un caractère « moral ». Aucun des deux n'est supérieur ou inférieur à l'autre. Leur opposition est aussi nécessaire et peu conflictuelle que celle de la main gauche et de la main droite qui se frappent pour applaudir.

LES TYPES YIN ET YANG

Le Rat - le Buffle - le Chat - le Singe - le Chien et le Sanglier sont **Yin**.

Le Tigre - le Cheval - le Dragon - le Serpent - la Chèvre et le Coq sont **Yang**.

L'homme Yin

Apparence : L'homme Yin est souvent de forte corpulence, sa taille est moyenne, ses muscles développés. Il jouit d'une excellente résistance physique, et sa santé est solide. Il a souvent le visage rond mais ne sourit pas beaucoup.

Psychologie : L'homme Yin est avant tout préoccupé par lui-même : il a tendance à « tourner autour de son nombril ». Si son comportement est calme, son humeur est instable et dépend des ambiances. Il possède une grande confiance en lui-même, mais craint l'échec.
Sociable, accueillant, il est optimiste vis-à-vis de lui et vis-à-vis des autres. Sa vie est active, il est pragmatique et efficace dans ses entreprises.

L'homme Yang

Apparence : Est de corpulence moyenne, souvent élancé, svelte ; son visage est souriant, il aime les couleurs vives. De santé délicate, il lui est conseillé de prévenir plutôt que guérir.

Psychologie : L'homme Yang est un individualiste porté vers la recherche personnelle, l'évolution, la méditation. Il est intelligent, indépendant, parfois solitaire. Il n'a aucun sens de la hiérarchie, et croit en la liberté. Il préfère l'isolement et le contact avec la nature à la foule. Contrairement à l'homme Yin, il cherche son équilibre en lui-même au lieu de le trouver chez autrui.

(« Tradition astrologique chinoise », de Xavier Frigara et Helen Li, Éditions Dangles.)

LES DOMAINES
DE LA CHÈVRE

而立者、蓋具於我而

則理煙枉是却篤然是。

LA CHÈVRE
et son symbolisme

« Têtu comme une chèvre »... Mais intuitif également, excentrique, désinvolte. La Chèvre aux trois couleurs, blanche, noire et rouge, à califourchon sur les nuages, ne semble être, sur terre, que de passage. En effet, son domaine, son univers à elle, c'est le ciel, l'immensité, l'espace. Elle joue, cabriole, gambade, insouciante, vous apercevez à peine ses cornes qu'elle disparaît déjà derrière un gros nuage, d'un coup de sabot, elle l'entaille, et rit de mille gouttes de pluie pétillant dans le calice d'une aube lumineuse ; mais attention : si vous ne la prenez pas au sérieux, elle s'en ira déclencher l'orage, se frotter à la foudre, exciter le tonnerre. Cette petite Chèvre-là est une faiseuse de pluie, amie de l'éclair, et pensionnaire de la voûte étoilée : elle appartient à la constellation du « cocher ».

L'ancienne Grèce en fit la nourrice de Zeus, mais notre Chèvre s'en moque, pour elle tout est fantaisie, caprice, prétexte à se jouer des hommes et de leur indéracinable sens du sérieux. La Chèvre n'est pourtant pas insensible à la terre, à ses vertus et à ses cycles. Animal maternel et protecteur, elle participe à la montée du grain, à la fertilisation et à l'éclosion de la nature. Profondément intuitive et douée d'une grande sensibilité, elle sait être forte devant l'obstacle, ne renonçant jamais, quoi qu'il arrive, voir la Chèvre de Monsieur Seguin... Ni loups, ni ogres ne lui feront entendre raison, ne viendront à bout de ses convictions intimes. Généreuse et frivole, elle est toujours insaisissable, et toujours obstinée. En Inde, où elle se nomme Aja (qui signifie non-née), la Chèvre est mère du monde et de la nature tout entière.

Les trois couleurs de la Chèvre ont la signification suivante : le noir révèle une tendance à voiler, masquer, cacher, s'apparentant à cette *Maya* qui dissimule la réalité divine sous les illusions du mental ; le blanc par contre est symbole de lumière, c'est le pouvoir qui permet de dissiper l'illusion ; le rouge enfin représente l'action, la danse créatrice des mondes en perpétuelle métamorphose. La Chèvre apparaît donc changeante, multiple, impalpable, véritable magicienne ivre de vents et de reflets.

Alors laissons-là gambader, virevolter d'un sabot désinvolte, mais prêtons l'oreille à ses intuitions, découvrons sa finesse et son bon goût, tandis qu'elle broute les fleurs de son jardin céleste. Qui sait l'apprivoiser chevauche les

nuages, la tête dans les étoiles et s'ouvre à la compréhension la plus intime, la plus subtile de la nature.

Il était une fois une petite chèvre roumaine qui possédait le don de voyance.

C'était une charmante chèvre tricolore − noire, blanche et rousse − qui vivait paisiblement au milieu d'un troupeau. Jusqu'au jour où elle comprit que des bergers voisins, jaloux du pâtre son maître, nourrissaient de sinistres desseins à son égard, souhaitaient sa mort. La chèvre s'en vint immédiatement avertir le jeune homme.

− « Ils veulent te tuer » dit-elle.

− « Laisse les faire, que m'importe, mais écoute-moi bien : tu devras m'enterrer au milieu de mon troupeau, ainsi que trois flûtes. Lorsque le vent soufflera, les flûtes siffleront, et les petites chèvres pleureront des larmes de sang. »

− « Mais que devrais-je dire aux gens du village ? »

− « Que je suis parti, que j'ai fait un voyage, et que je me suis marié à une reine. »

La chèvre docile ne voulut point aller contre la volonté du pâtre son maître, et depuis, avec les autres bêtes assemblées, elle pleure des larmes de sang chaque fois que le vent joue un peu fort dans les branches des arbres et sur la terre.

Ce conte illustre bien la tendresse et la douceur de la Chèvre, sa nature sensible et fantasque, mais aussi sa vulnérabilité, son âme d'artiste, et sa fidélité à un souvenir − jusqu'à l'obsession.

Petit mémento
de la Chèvre

Principales qualités : c'est une pacifique, adaptable, au caractère doux et facile.

Principaux défauts : ils commencent par « ir » : irresponsable, irrationnelle, ou par « in » : inconstante, insatisfaite, indisciplinée...

Dans le travail : vous avez bien dit « travail » ? Pouâh, quelle horreur ! La Chèvre aime l'art, mais elle ne le considère pas vraiment comme un travail : plutôt comme un plaisir.

Son meilleur rôle : invitée. Elle mettra une ambiance géniale !

Sa plus mauvaise prestation : directeur administratif et financier.

Vis-à-vis de l'argent : ah, si on pouvait s'en passer, quel rêve !

Sa chance : naître un jour de pluie : sa destinée sera plus paisible et plus heureuse.

Elle ne peut pas vivre sans : beauté.

Elle adore : sa tranquillité.

Elle déteste : être mise en face de responsabilités qu'elle n'a pas envie de prendre. Choisir...

Ses loisirs : un équilibre entre : les galeries de peinture, les week-ends bucoliques et les visites de contrôle chez le médecin, car elle fait attention à sa petite santé...

Ses lieux de prédilection : les parcs et jardins « à la française » avec jets d'eaux et statues de marbre...

Couleur : bleu ciel.

Plantes : anis vert, absinthe.

Fleur : le chèvrefeuille... comme il se doit !

Métiers Chèvre : acteur-trice, artiste, peintre, musicien, jardinier-paysagiste, artisan, tisserand, potier (tous travaux manuels et artistiques)... Mais aussi : courtisane, danseur mondain, gigolo... Et clochard.

Les quatre âges de la vie de la Chèvre d'après la tradition chinoise

L'enfance est un âge délicat pour le natif de la Chèvre, qui a besoin d'harmonie familiale et de sécurité. Sa *jeunesse* sera instable, suite à un comportement affectif incertain, hésitant, parfois inconstant ou timide... En revanche, il aura de la chance dans sa *maturité* et sa *vieillesse* et sera à l'abri du besoin.

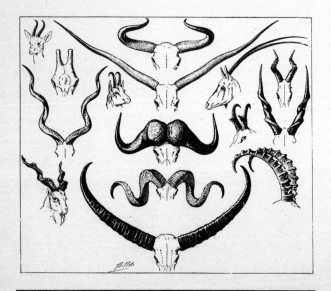

La psychologie de la Chèvre

Suivant de près le Cheval passionné et fougueux, voici la fugueuse Chèvre. Elle a autant d'élégance, mais davantage de délicatesse, elle caracole avec une égale habileté... Mais là où son prédécesseur créait un tonnerre de galops, elle ne laisse entendre qu'un bruit rythmé et discret de claquettes. Les sabots de la Chèvre ne servent pas à la maintenir en contact avec le sol (comme ceux du Buffle, par exemple), mais à la faire rebondir dans les nuages, son domaine de prédilection. Elle marche à pas élastiques, le nez en l'air... Et les parfums qu'elle respire d'une narine palpitante ont à ses yeux bien plus d'importance que le sol qu'elle foule, allègrement. Les natifs de la Chèvre ont une nature aérienne et souvent rêveuse. Ils sont beaucoup plus motivés par tout ce qui concourt à l'harmonie, à la « qualité de la vie », que par les nécessités matérielles qu'ils choisissent d'ignorer, ou qui provoquent chez eux un tas d'angoisses et de malaises psychosomatiques, s'ils sont vraiment obligés d'en tenir compte.

Créatifs, imaginatifs et ingénieux, les « Chèvres » aimeraient bien passer tout leur temps disponible à se fondre dans l'*art*, qui équivaut pour eux à une religion, plutôt qu'à faire des chèques, payer des factures, etc. Cela a parfois pour eux quelque chose de choquant, voire d'indécent. Pour ces natifs, toutes les vérités ne sont pas bonnes à dire, et toutes les réalités ne sont pas bonnes à vivre.

Partant de ce « refus du matériel », on imaginerait aisément la Chèvre comme parfaitement détachée de tout ce qui dérive de l'argent : confort, repas réguliers, sécurité, etc. Justement non ! et là se trouve sa principale contradiction... Les natifs de la Chèvre ne sont pas des « purs esprits », et si certains d'entre eux approchent du mysticisme sur le plan abstrait, il leur est bien difficile, concrètement, de renoncer à certains plaisirs. La légende dit que la Chèvre, attachée à un piquet, tirera sans cesse sur la corde si l'herbe est rare... Mais ne bougera plus si la prairie est grasse et verdoyante.

Simplement, les Chèvres, tout en ayant besoin de stabilité, de soutien, attendent cela d'autrui plutôt qu'ils ne

le créent eux-mêmes. Amoralité ? Inconscience ? ni l'un ni l'autre. Ils sont comme cela, il faut les prendre ainsi sans essayer de les changer, autrement ils fuiront en gambadant, et rien ne saura les retenir. A la fois indépendants car rien ne les fixe vraiment − si ce n'est l'amour, nous le verrons plus tard − et profondément dépendants, car leur bien-être physique et moral est conditionné par autrui, les Chèvres ont un côté un peu profiteur, mais sans hypocrisie : c'est comme ça, voilà tout... Si l'on insiste, ils s'en lavent les mains.

C'est pour cela que la tradition chinoise dit que la Chèvre a besoin, pour s'épanouir et donner le meilleur d'elle-même, d'un « mécène ». Celui-ci peut prendre plusieurs formes : papa-protecteur, conjoint solide, travailleur et compréhensif, imprésario ou directeur-comptable... L'important est qu'il s'occupe de l'intendance, en laissant la Chèvre développer sa créativité. Les natifs de ce signe ont du charme, ils sont aimables, attrayants, calmes. Ils savent plaire par leur délicatesse, leur tact, distraire par leur fantaisie et leur imagination, mériter et conserver la sympathie par leur bonté, leur indulgence. La critique n'est pas leur fort : ils cherchent des excuses à leur entourage, et en trouvent. Ils sont également très doués pour s'en trouver à eux-mêmes...

Victimes d'une perfidie ou d'un coup bas, ils pardonnent, considérant la colère et la vengeance comme des sentiments sclérosants et inutiles. C'est tellement mieux d'aller voir ailleurs, des fois que l'herbe y serait plus verte... Plutôt que de s'empoisonner l'esprit à ressasser de vieux griefs.

Détestant tout ce qui est routinier, cherchant à échapper aux contraintes, aux obligations, ils adoptent parfois un comportement un peu excentrique − juste ce qu'il faut pour provoquer la curiosité, sans choquer, car ils veulent rester en bons termes avec un maximum de gens. Ils n'aiment pas du tout les atmosphères froides ou hostiles, se montrent conciliants, essayent d'arranger les choses, rengainant au besoin leur rancune, tant est grand leur désir de préserver l'entente. Lorsqu'il font souffrir, c'est par étourderie, par inconscience, mais jamais par méchanceté. Ils sont souvent un peu timides, surtout au premier abord, pour devenir volubiles, amusants et pétillants lorsqu'ils se sentent à l'aise.

Ils ont aussi des défauts, accentués par la jeunesse, mais que l'âge adulte, avec ses responsabilités, atténue... Pas toujours pour leur plaisir d'ailleurs. Ils sont insouciants, velléitaires, paresseux... Ils hésitent à prendre une initiative, à s'engager, sont influençables, souvent « absents » et toujours rêveurs, malléables, « plastiques »... Ils ont beaucoup de mal à arriver ponctuellement à leurs rendez-vous, car ils n'ont aucun sens du temps qui passe. Contrariés, ils boudent, puis cherchent à trouver un terrain d'entente. Mis au pied du mur, ils s'affolent, s'inquiètent... Et finalement, s'ils se rendent compte que l'action est vraiment la seule issue, ils font face, avec obstination, et parviennent à leurs fins.

Curieusement, leur manque général d'organisation ne leur nuit pas trop, car ils sont capables d'agir avec minutie et perfectionnisme : sans aimer spécialement le travail, ils préfèrent que celui-ci soit bien fait.

Certains « Chèvres » ont un défaut pénible : manquant de la volonté, et surtout du désir, de se donner du mal pour changer une situation qui leur pèse, ils passent un temps fou à se plaindre, rejetant la faute sur leur entourage, et refusant systématiquement de reconnaître leurs torts. A gémir plutôt qu'agir, ils risquent de finir par se trouver bloqués dans un cercle vicieux...

Tous les natifs de la Chèvre que je connais sont agréables, discrets et faciles à vivre. Ils écoutent les confidences, et ne se mêlent jamais de donner des conseils, attitude guidée en fait par leur dégoût de l'implication – mais parfois bien agréable. Ils ont un rythme de vie complètement farfelu, mais, pour vous faire plaisir, s'adapteront volontiers au vôtre. Simplement, ils poussent le refus de « se mêler de ce qui les regarde pas » jusqu'à un point qui peut faire douter de leur dévouement réel, car on ne sait jamais si, réellement, on peut compter sur eux.

Si d'aventure on le leur reproche, ils répondent avec une sincérité désarmante : « mais je ne t'ai jamais dit que tu pouvais t'appuyer sur moi ! »

Effectivement, ils ont déjà tant de mal, en ce qui les concerne, à trouver une assise...

En bref, il faut les prendre tels qu'ils sont, sans rien leur demander... Sinon de nous laisser les suivre dans leur univers féerique, dans leurs palais de rêve, car nul ne sait, comme eux, créer une ambiance idéale, ni transformer le présent le plus oppressif en paradis terrestre, par le simple pouvoir des mots, et la magie du geste.

L'enfant Chèvre

Les enfants nés pendant une année de la Chèvre sont timides et parfois incertains. Il est fondamental pour eux d'être au chaud, en sécurité, et d'avoir des parents « bien dans leur peau ». Ils ont en effet besoin de pouvoir s'appuyer sur quelqu'un, sous peine de tâtonner longtemps à la recherche d'un succédané d'équilibre. Mais ils sont peu conformistes, et les structures morales n'ont pour eux de l'importance que lorsqu'elles les gênent. En conséquence, un « Chevreau » sera mieux à son aise et plus épanoui avec un parent divorcé, décontracté et sympathique, qu'au sein d'une famille parfaitement unie, mais d'esprit étroit, hantée par des principes rigides. Il supportera mieux une atmosphère fantaisiste pleine d'amour et d'indulgence que les strictes règles de la bourgeoisie ou la fausse entente, la comédie malsaine d'un couple parental désuni.

Vis-à-vis d'un enfant Chèvre, pour peu qu'on soit un peu autoritaire, il est tentant d'affirmer sa volonté et de chercher à acquérir une influence. Or – la tradition chinoise ici est formelle – on ne doit pas essayer de transformer cet enfant. Né Chèvre, il n'est pas fait pour devenir Tigre ou Dragon, car cela ferait son malheur. Il importe donc – bien que ce soit très difficile, car l'enfant Chèvre est adaptable, malléable et ne semble pas toujours savoir exactement ce qu'il veut – de le laisser se chercher et se trouver tout seul, en restant simplement présent, en retrait, prêt à intervenir au moindre signal d'alarme – mais silencieux le reste du temps.

Il va sans dire que ce rôle de tolérante expectative est quasi impossible pour certains parents, du Buffle par exemple, qui sont honnêtement persuadés que sans leurs conseils leur petit Chevreau ferait les pires bêtises... Et pourtant il doit les faire, car s'il ne prend pas, de lui-même, conscience du réel et de ses responsabilités, il deviendra un aimable dilettante, vivant aux crochets de ses parents... Qui en auront peut-être assez, vingt ans plus tard. A l'école, l'enfant Chèvre est imprévisible. Tout dépend de la capacité des professeurs à éveiller son imagination et son intérêt. Quoi qu'il en soit, une orientation artistique sera, en général, favorable. Elle permettra de différencier cet enfant, de susciter son sens esthétique et créatif – plutôt que de le laisser végéter, éternel quinzième d'une classe de trente élèves...

Vie sentimentale

Dès leur plus jeune âge, les natifs de la Chèvre vivent à travers leurs réactions affectives. Inutile d'en attendre un raisonnement logique et détaché : ils sont tout entiers dans leurs sympathies, leur refus, en un mot leurs *sentiments*. Ils attendent donc beaucoup d'autrui, et sont prêts, en échange, à tout donner. Quel rêve ! Maintenant il s'agirait de détailler un peu cela et d'examiner ce qu'ils attendent, et ce qu'ils offrent.

Séduction et caprice

Ce qu'ils attendent ? Avant tout, une forme de protection, morale et matérielle : ils ont besoin de pouvoir se dire « quoi qu'il arrive, Il (ou Elle) restera avec moi, ne me trahira pas. Quelles que soient les sollicitations extérieures, les risques, notre lien dans ce qu'il a de spécifique, d'inimitable, est à l'abri des orages, des fuites et des malentendus ».

Ensuite, les « Chèvres » souhaitent, soit être délivrés de tout souci matériel, soit être puissamment soutenus dans leur face à face avec les responsabilités. Pour cela ils ne sont pas indifférents à la situation sociale de leur partenaire... Et se voient souvent qualifiés d'arrivistes, d'intéressés ou de pique-assiettes. C'est une erreur : ils ne cherchent pas l'aide d'autrui, et ne courent pas après l'argent. Tout simplement, ils ont besoin d'un certain confort et l'avouent sans détours. L'orgueil et la satisfaction de se dire « Je suis arrivé par moi-même et je ne dois rien à personne » les atteignent rarement.

Ce qu'ils offrent ? Eux-mêmes, spontanément, avec, en vrac, leurs qualités, leurs défauts, leurs impossibilités et leur génie propre. Ils ne calculent pas leur don en fonction de leur vis-à-vis, n'adaptent pas leur comportement à celui de l'autre : on les aime, alors on prend – ou on ne les aime pas, et on refuse. Chacun est libre... Ainsi, certains héritent d'un compagnon-Chèvre. S'ils ne lui demandent pas de changer, ils vivront une expérience extraordinaire : les « Chèvres » sont des gens naturellement, viscéralement heureux et optimistes. Ils vivent dans le présent, ne posent pas de questions indiscrètes, respectent la liberté d'autrui, sont polis et affectueux. L'angoisse est absente de leur répertoire (sauf lorsque l'herbe s'épuise... Mais leur appétit n'est pas pantagruélique), et s'ils reconnaissent très difficilement leurs torts, ils ne recherchent ni la discussion ni les disputes.

Leur don très particulier de créer une ambiance agréable autour d'eux contribue à leur succès... Et fait que souvent, on les invite à passer quelques jours...

Attention ! Si vous invitez une Chèvre et qu'elle se sente bien chez vous, vous aurez du mal à vous en débarrasser. Ces natifs sont capables d'installer n'importe où leurs pénates, et si le gîte et la nourriture valent le déplacement, ils se les approprient très naturellement...

Pour les « Chèvres », le sentiment compte au moins autant que l'exaltation sexuelle ; avant d'aborder les plaisirs de la nuit, il leur faut un crépuscule bien rempli. Ils aiment les préliminaires, les jeux de l'amour et du hasard, les séductions lentes. La tactique du peloton de cavalerie n'est pas leur fort...

Sont-ils fidèles ? Oui, tant qu'ils ne sont pas déçus, tant que leur partenaire se consacre exclusivement à eux, ou qu'ils en attendent quelque chose de précis qui dépend de leur fidélité. Sans être imperméables à la tentation, ils savent s'en amuser, et y résister si nécessaire. Un petit flirt par-ci par-là, histoire de se distraire et de vérifier ses atouts... Mais ils savent se garder pour les grandes occasions, surtout Madame Chèvre.

En revanche, s'ils vivent une situation affective incertaine ou insécurisante, ils sont capables de mener successivement, voire de front, beaucoup d'aventures. La passion ? Non, vous n'y êtes pas : la curiosité. L'occasion, l'herbe tendre, quelque diable aussi me poussant, je tondis de ce pré la largeur de ma langue !

Vie familiale

Le mariage ? pourquoi pas, si vous le voulez vraiment... Les natifs de la Chèvre ne passent pas devant Monsieur le Maire pour le plaisir d'entendre un discours sur fond de marche nuptiale. Les règles de la société les laissent indifférents. Ils préfèrent le don libre de soi-même aux signatures et aux contrats.

Insouciants, ils se marient pour le meilleur, sans envisager le pire ; et lorsque survient une crise conjugale, ils choisissent de s'abstraire, de penser à autre chose... Comme les Chats, ils n'aiment guère les situations tendues.

Leurs réactions, en cas de mésentente, sont positives : ils essayent d'arranger les choses, de trouver un terrain neutre, propice aux réconciliations. Si rien n'est possible, si le partenaire ne veut rien entendre, ils s'enferment dans leur chambre pour écouter de la musique ou extérioriser leur déception en peignant un tableau. Il est rare qu'ils divorcent de leur propre chef, tout comme il est rare qu'ils se marient par sens des convenances. Ils seront d'accord, si vous insistez, car ils veulent, avant tout, avoir la paix.

Monsieur Chèvre n'a aucun sens des responsabilités

Veulent avant tout avoir la paix

familiales, dans le sens classique du terme : il peut très bien emmener ses enfants faire la tournée des musées deux jours avant les examens, ou acheter un diamant à sa femme sans penser une seconde à ses impôts. De son côté Madame Chèvre oubliera le rôti pour raconter le Petit Chaperon Rouge à sa couvée béate, quitte ensuite à improviser un pique-nique carbonisé : « Ce soir, nous sommes tous autour d'un feu de bois, et nous mangeons de l'éléphant, cela doit cuire longtemps, longtemps... »

J'ai une amie de la Chèvre qui est spécialiste de ce genre d'improvisation. Inutile de dire que ses enfants l'adorent et ne boudent jamais ses repas. J'en connais une autre qui oublie parfois qu'elle a des enfants...

A la fois prévenants et un peu irresponsables, les parents de la Chèvre sont adorables. Ils n'ont aucune autorité, mais ne se formalisent pas si leurs rejetons oublient le respect le plus élémentaire. Leur système d'éducation, tout laxiste qu'il soit, a l'avantage de développer la créativité et l'imagination de leurs enfants. Aucun d'eux ne courra le risque d'être étouffé...

Des enfants Chèvre, Dragon, Serpent ou Singe sauront tirer le maximum de leurs parents Chèvres, et l'ambiance familiale sera idyllique. Les jeunes Chiens, Chats ou Sangliers ne se sentiront pas tellement en sécurité, mais éviteront les disputes ; ensuite, le Chat excepté, ils renverseront les rôles et viendront en aide à leurs parents. Cela n'ira pas sans mal avec le Rat agressif (« mais qu'ai-je donc fait au ciel pour avoir un enfant pareil ? »), le Tigre, qui déteste la nonchalance, et le Cheval, imperméable et indépendant.

L'enfant du Coq, très attaché à ses prérogatives, ne supportera pas de voir son parent Chèvre glisser de-ci de-là en se moquant de l'opinion d'autrui. Celui du Buffle, outré, se renfermera sur lui-même, ou bien critiquera ses parents à tour de bras. Les Chèvres seraient bien inspirés de ne pas mettre au monde un enfant de ces deux signes, car la compréhension sera très difficile à installer – et à conserver.

Vie professionnelle

Les natifs de la Chèvre ne sont ni spécialement actifs, ni spécialement ambitieux. Parfois paresseux, souvent vélléitaires, ils ne voient surtout pas l'intérêt d'être « le premier ». En effet, cela implique à leurs yeux une lutte, un combat, des rivalités, donc des conflits et des disputes... Et l'entente avec autrui leur semblera toujours plus importante que la puissance. Il leur est conseillé de ne jamais mêler travail et amitié, d'éviter – même si cela semble égoïste – de donner un coup de main à un copain dans l'ennui. En effet, les Chèvres, dans le travail, sont perfectionnistes et minutieux, et si ce qu'ils font les intéresse, ils ne laissent rien au hasard. Leur situation sera cornélienne si par hasard ils doivent assumer les défaillances du « copain » qu'ils ont secouru. Ils sont capables en effet de sacrifier une réussite méritée, de saboter quelques détails, pour éviter une dispute ou une séparation.

Dans la jungle de l'emploi, au milieu des prédateurs bardés de diplômes et décorés d'attachés-case, les natifs de la Chèvre sont aussi déplacés qu'un rhinocéros dans une verrerie vénitienne. Avez-vous déjà vu quelqu'un vous dire « mais après vous »... quand il s'agit d'obtenir un poste ? Oui ? ce devait être un individu de la Chèvre...

Dans toutes les professions nécessitant culot, assurance, intérêt, matérialisme et goût de la confrontation, les Chèvres sont plutôt désarmées, car il leur manque une chose essentielle : la foi en ce genre d'entreprises. Ainsi ils se retrouvent fréquemment dans des rôles subalternes et ne font rien pour s'en sortir. Ils ne sont pas malheureux... Ils dorment. Ou, plus exactement, ils rêvent.

Mais qu'une bonne fée, un parent tolérant ou un imprésario génial se penchent sur leur berceau... Qu'un producteur intuitif leur donne l'occasion d'exercer une profession de l'art ou du spectacle... Et les chenilles modestes deviennent papillons éclatants. Un peu de beauté autour d'eux et les voilà qui chatoient et éblouissent... Les plus timides deviennent diserts, les plus mous se dépensent sans compter. Dans ce genre d'ambiance, les qualités caprines pétillent ; leur voix, inaudible peut-être dans le quotidien, se fait chaleureuse dans les micros.

Charme et fantaisie

Bien sûr, cela ne veut pas dire que les Chèvres ne peuvent s'épanouir que dans une carrière artistique ; mais le reste, ils le feront moins bien, sans enthousiasme, sans souplesse, sans foi. Imagineriez-vous quelqu'un comme Johnny Halliday (Chèvre de 1943), James Dean (Chèvre de 1931) ou Isabelle Adjani (Chèvre de 1955) derrière un guichet des Postes et télécommunications ? Ils seraient charmants. Mais absents... Sans un contact esthétique ou artistique ils s'étioleront comme des plantes privées d'eau.

Vie matérielle

Dans un des nombreux sketches qu'il a faits, le comédien français Fernand Raynaud mettait en scène un cantonnier, Heu-reux, et plaignant sincèrement son beau-frère, accablé de soucis « d'argent » et obligé de payer des « impôts ». Naturellement, le cantonnier ne savait pas ce que ça voulait dire, « impôts ». Cela résonnait à ses oreilles comme une invocation vaguement maléfique et dangereuse. Pourquoi penser aux « im-pôts », quand on est « Heureux » !

Ce cantonnier sage devait être de la Chèvre...

En effet, les natifs de ce signe n'éprouvent aucun plaisir à manipuler des espèces sonnantes et trébuchantes, et dans leur famille il n'y a pas d'oncle Picsou. L'argent, ils en ont besoin, mais ils n'aiment pas s'en ocuper. Il leur glisse un peu entre les doigts, comme une rivière qui passe sous un pont et s'en va... Les Chèvres ne sont ni des thésauriseurs ni des conservateurs.

Si l'exercice de leur profession leur permet de gagner assez d'argent pour en avoir un peu en réserve, ils seraient avisés de charger un expert financier honnête du placement et de la gérance de leur avoir. Et aussi de prendre des renseignements sur l'honnêteté de l'expert en question... Car les Chèvres sont faciles à gruger, un peu naïves, prêtes à croire à l'Eldorado. Une proie rêvée et juteuse pour les prédateurs de tout bord et de tout poil...

Autre solution pour les Chèvres : se dénicher un conjoint matérialiste et bien organisé, qui tiendra les cordons de la bourse... Puis, naturellement, trouver quelqu'un qui leur ôte tout souci matériel.

Si vous vous trouvez dans le noble rôle de mécène-protecteur de Chèvre, un conseil : ne lui donnez jamais tout l'argent du mois le premier, car au bout de peu de jours il n'en resterait rien. Distribuez votre manne quotidiennement : ingénieuse, la Chèvre n'en tirera un maximum.

Les natifs de ce signe sont honnêtes, mais plutôt dépourvus du sens de la propriété... Ce n'est qu'après quelques erreurs qu'ils apprennent à ne pas distribuer leur avoir aux copains. Tantôt bienfaiteurs, tantôt parasites, toujours polis et agréables, mais impossibles à motiver

Un besoin de se sentir protégée

vraiment pour des raisons uniquement matérielles, ils sont capables de s'adapter aussi bien à un rôle de milliardaire insouciant, sur fond de palmiers et de casinos, qu'à celui d'un artisan bohème, au sein d'une communauté, au fin fond de la campagne. Ils y seront heureux... comme des cantonniers.

Environnement

Les natifs de la Chèvre sont particulièrement sensibles à la beauté des objets, à l'harmonie des formes et des couleurs, mais, contrairement aux natifs du Serpent, par exemple, ils n'ont pas spécialement besoin d'en être propriétaires pour les apprécier. Cette forme d'indifférence vis-à-vis de la possession vient du fait qu'ils aiment conserver la possibilité de partir en laissant tout derrière eux, et soyez sûr que s'ils sont les heureux détenteurs d'un patrimoine immobilier, ce n'est ni par goût ni par avidité, mais simplement parce qu'un ami bien intentionné leur a prouvé par A + B que c'était le meilleur placement possible.

En fait les gens de la Chèvre seraient parfaitement capables de vivre en meublé, mais attention, dans de beaux meubles, dans un joli cadre... Certains d'entre eux, cultivant le vagabondage et refusant toute attache, apprécient, au moins pendant une partie de leur vie, d'aller indifféremment de ville en ville, sac au dos et guitare en bandoulière : il y a souvent un petit côté « hippie-souriant-et-marginal » chez les natifs de la Chèvre.

Chez les autres, ils peuvent s'adapter aussi : ils se créeront un univers sur un divan d'angle ou un cosy-corner. Ils ont le don quasi-magique de ne voir que ce qui est beau. C'est ainsi que dans un trou à rat sombre et malodorant, ils installeront un objet rare et superbe, avec un éclairage indirect... Et tout le reste se fondra dans la pénombre pour valoriser la Beauté.

Un univers de poésie

Petit guide
des relations avec une Chèvre

Ses méthodes de séduction : à peu près les mêmes pour les deux sexes : beaucoup de gentillesse et de délicatesse, un zeste de fantaisie, ensuite à vous de jouer, car cela deviendrait fatiguant.

Si elle vous aime : elle vous donnera beaucoup, mais prendra beaucoup en échange. Vous avez intérêt à avoir des réserves, moralement et matériellement... Ainsi qu'une bonne dose de patience. Si vous ne vous sentez pas capable de supporter la fantaisie, l'imagination et l'incertitude, cherchez ailleurs...

Elle attend de vous : que vous la suiviez dans sa recherche du beau, du vrai, et que vous la déchargiez des problèmes d'organisation et de gestion.

Pour vous garder : elle vous échappera, en gambandant. Vous connaissez le proverbe : « oignez vilain, il vous poindra, poignez vilain, il vous oindra » ? Non ? Eh bien la Chèvre, elle, elle connaît !

Si elle vous trompe : c'est par goût du changement, ou parce que l'espace d'un instant elle a oublié que vous existiez...

Si vous la trompez : elle n'est pas soupçonneuse mais indiscrète, fine et intuitive. Elle s'en rendra compte et vous rendra la pareille. Et puis boudera, se plaindra et vous fera passer, au vu et su de la terre entière, pour le plus ignoble individu que notre planète ait jamais porté.

En cas de rupture : beaucoup de chicanes, de criailleries, de départs, de retours, de tergiversations... Jusqu'au jour où elle décidera qu'au fond elle s'en moque, et là il sera trop tard. Mais la rupture est très évitable, car la Chèvre déteste se brouiller avec ceux qu'elle aime.

Si vous voulez lui faire un cadeau : offrez-lui une concession dans une prairie bien grasse jusqu'à la fin de ses jours... Autrement dit, faites-lui une rente !
Plus modestement vous pouvez lui faire cadeau d'un objet rare, vrai et raffiné ; attention : elle a un goût très sûr et détecte avec un flair infaillible toutes les contrefaçons.

Si vous voulez la séduire : soyez grandiose. Organisez une fête en costumes du XVIIe siècle, avec éclairages savants, feu d'artifice, ballets, avec pour fond musical les notes aigrelettes d'un authentique clavecin.
Ça coûte cher ? Hélas oui !... Alors, invitez-la à la campagne...

Si vous voulez la faire fuir : demandez-lui de vous aider à faire votre déclaration d'impôts.

La Chèvre
et les autres signes chinois

Chèvre / Rat

Voici encore une relation que la tradition n'encourage guère. Il est vrai que les traits spécifiques de ces deux signes ne sont pas en harmonie. Le Rat est trop intéressé, trop critique, trop lucide aussi pour supporter longtemps l'insouciance et la fantaisie de la Chèvre. Et, bien qu'imaginatif, il n'est pas assez souple ni esthète pour suivre celle-ci dans sa quête du « Beau-à-tout-prix ».

La Chèvre sera déçue dans cette relation. Elle s'y sentira incomprise, et détestera les attaques du Rat. Agacé par ce qu'il estimera être de l'inconsistance, ce dernier multipliera les piques. L'un évoluant de façon souterraine, l'autre vivant dans les nuages, il leur est de toutes façons difficile de se rencontrer...

Un vrai Rat aime la sécurité mais il admire ceux qui sont capables de se le procurer eux-mêmes. Ce n'est pas le fort de la Chèvre, qui a besoin, souvent, d'un mécène. A moins que les signes occidentaux soient vraiment en grande harmonie, cette relation entre personnalités trop différentes n'est guère à conseiller.

Chèvre/Buffle

Si l'on choisissait toujours, dans la vie sentimentale, son opposé total, le couple Buffle/Chèvre serait idéal. Opposés l'un à l'autre dans le Zodiaque chinois, ils sont aussi différents qu'il est possible de l'être, et ce serait très utile, pour les deux, de parvenir à une durable cohabitation.

Le Buffle se trouverait fort bien de respirer un peu l'air léger, imaginatif et fantaitiste qui entoure la Chèvre, comme une aura. Et celle-ci, dont la spécialité ne consiste pas à prendre des décisions − à plus forte raison des décisions sages − puiserait efficacement dans les réserves de sens pratique du Buffle. Tout ceci est écrit au conditionnel... Parce que la tradition chinoise conseille vivement au Buffle d'éviter la Chèvre, et vice versa.

Il est tentant et facile de dire qu'ils se rendraient chèvre... Souhaitons-leur, cependant, de se rencontrer et de s'aimer (c'est là le plus difficile !) car ils pourraient ensuite s'avérer très positifs pour leur réciproque évolution, et surtout pour leur équilibre mutuel.

Chèvre/Tigre

Il est bien sûr facile d'évoquer la charmante Chèvre, bêlant tristement, attachée à un piquet, tandis que le Tigre redoutable s'en approche silencieusement, léchant ses babines dans l'attente du bon petit déjeuner qu'il va faire...

Suspense : le Tigre dévorera-t-il la Chèvre ? L'hypothèse est tentante. Mais l'amour a bien des mystères... La Chèvre éprise recherche protection auprès d'un être dynamique. Le Tigre amoureux n'a pas spécialement tendance à dévorer son partenaire, au contraire, il le laisse libre... Un peu trop libre même, au gout de certains.

Ce lien qui semble étrange au premier abord s'avère, après réflexion, et lesté d'une bonne dose de sentiments sincères, tout à fait positif. La Chèvre a besoin, pour s'épanouir, de vagabonder à son aise, le nez dans les étoiles ; ce n'est pas le Tigre qui l'en empêchera ! son courage, son loyalisme, son audace provoqueront l'admiration caprine. Bien sûr, il est à souhaiter qu'ils aient de l'argent en réserve, car la Chèvre est dépensière et le Tigre compte plus sur sa chance que sur ses dons compatables. Mais ils seront heureux, et se manifesteront éternellement une reconnaissance touchante, pour avoir su respecter, chacun, la liberté de l'autre.

Un couple de rêve

Chèvre/Chat

Très bonne alliance. La Chèvre, comme le Chat, aime la tranquillité, et elle s'adapte à peu près à n'importe quel genre de vie à condition d'avoir un minimum de liberté et suffisamment d'herbe à brouter. Or le Chat est affectueux sans être trop possessif, et son amour du foyer le rend sécurisant pour qui attend d'autrui des éléments de stabilité.

L'imagination, la fantaisie de la Chèvre plairont au Chat et l'aideront à sortir des ornières du quotidien dans lesquelles il lui arrive de s'enliser. Le sérieux du Chat, sa persévérance dans le travail, sont de bon augure pour les finances conjugales. Si une crise extérieure survient, comme par exemple un échec professionnel, une perte d'argent, un accident domestique, la préservation de l'unité du couple sera délicate car le Chat et la Chèvre s'appuient difficilement l'un sur l'autre. A force de s'angoisser mutuellement, le Chat pour l'avenir, la Chèvre pour le présent, ils risquent de grossir des accidents mineurs, et de tout dramatiser.

Chèvre/Dragon

Il y a du pour et du contre. Du pour, parce que la Chèvre a besoin d'être protégée, ou tout au moins encouragée, soutenue. Elle écoutera les conseils du Dragon, et pour peu qu'elle parvienne à dissimuler ses bâillements, tout le monde sera content. En effet ce dernier peut se révéler un excellent mécène pour la Chèvre fantaisiste.

Malheureusement, le propre du Dragon est le besoin d'être admiré, en plus du fait de se sentir indispensable ; l'adulation est un sentiment totalement étranger aux Chèvres. Estimer, d'accord ; mais faire des compliments, ce n'est pas leur genre. Notre pauvre Dragon, dans cette galère, risque de s'étioler comme une plante sans eau.

Dans ce couple, il faut souhaiter que le Dragon soit l'élément dominant, ou actif. Il pourra toujours trouver dans son travail certaines satisfactions qu'il n'aura pas chez lui. Mais ayons pitié d'eux, si le Dragon, chose impensable, reste à la maison. Ils se rendront la vie impossible. Le Dragon sera malheureux, et la Chèvre fera des bêtises.

Chèvre/Serpent

Pour s'entendre, ils peuvent s'entendre. Là n'est pas le problème... En effet le Serpent apprécie infiniment la fantaisie, l'imagination et la créativité caprines. L'amour de l'art, de la beauté et de l'harmonie les réunira souvent. Et ils se disputeront rarement. Trop fatigant...

Mais lequel des deux travaillera ? La Chèvre est irrégulière sur ce plan, et assez mal organisée. Qu'elle ne compte pas sur le Serpent pour faire ses comptes : il en a bien assez avec les siens. Et lorsqu'il travaille et gagne de l'argent, c'est pour lui : moi d'abord ! à la rigueur, un petit cadeau, de temps en temps...

S'ils ont fait un héritage, ils vivront paisiblement, créant de temps en temps quelque chose, autant pour se faire plaisir que pour gagner un peu d'argent... histoire de prouver aux autres qu'ils peuvent le faire. Et ils se moqueront sans pitié des victimes du métro-boulot-dodo. Ils se vautreront dans leur égoïsme respectif, et même si parfois la Chèvre tire un peu sur sa corde, cela finira par s'arranger. La rancune, le divorce ? trop fatigant...

Chèvre/Cheval

La vie des Chevaux est un happening permanent, ils ont besoin pour tomber amoureux – et surtout pour le rester – de vivre une relation évolutive et pleine d'imprévus. Avec une Chèvre pour partenaire, ils seront servis. En effet, le dégoût de la routine propre aux hatifs de ce signe, l'instabilité de leur comportement, leur côté disponible, réceptif, « toujours prêt » n'a rien de spécialement sécurisant : Le Cheval amoureux d'une Chèvre sera souvent sur la corde raide et n'aura pas le temps de s'ennuyer.

De son côté la Chèvre se sentira, elle, en sécurité, car la passion du Cheval s'extériorise ; elle n'aura donc pas l'impression d'être délaissée ou abandonnée – choses qu'elle déteste.

Naturellement, ce sera plus facile si l'homme est Cheval, car son épouse caprine le laissera se démener pour assurer la provende quotidienne. Dans le cas contraire, espérons que Madame Cheval sera une riche héritière ou aura sa propre situation... car Monsieur Chèvre aime rarement travailler pour deux.

Chèvre/Chèvre

Au moins, ils ne s'en demanderont pas plus qu'ils ne peuvent donner, ce qui leur évitera bien des insatisfactions. Ils passeront des heures, des jours et des semaines à améliorer leur cadre de vie, à acheter de jolis objets, puis à les changer de place, jusqu'à ce qu'ils aient trouvé l'emplacement idéal. Ensuite, ils feront un bon gueuleton, pour fêter ça, puis une petite sieste...

Devinette : Qu'est-ce qui ne va pas ? Vous avez deviné... Jusqu'à présent, il n'a été question ni de travail, ni d'argent. Or les natifs de la Chèvre sont dépensiers. Qui fera bouillir la marmite ?

Souhaitons-leur d'être tous deux artistes, de vivre à leur rythme, sans contraintes, et d'avoir fait quelques bons placements... Il leur faudrait un mécène, bien sûr, un imprésario... Et aussi un excellent comptable, sinon ils

Ensemble, ils risquent bien des déboires

risquent de ne penser à leurs impôts qu'au dernier moment. Avoir ensemble un enfant et devoir l'élever pourra aussi développer leur sens des responsabilités.

Chèvre/Singe

Relation pleine de gaieté et de fantaisie. Ils ne s'ennuieront jamais ensemble, et seront très distrayants pour les autres, inventant sans cesse de nouvelles facéties, jouant de leur imagination et de leur intelligence avec une remarquable virtuosité. Ils sauront se mettre réciproquement en valeur, se renvoyer la balle...

En fait, tout ira bien tant qu'ils seront amis, associés... Et même amants. S'ils décident de vivre ensemble, cela risque de devenir moins rose et moins idyllique. En effet, quitte à être en désaccord avec lui-même, le Singe, bon gré mal gré, conserve toujours sa lucidité par rapport aux sentiments. Et la Chèvre a besoin de se sentir aimée, sécurisée, et qu'on le lui dise, et qu'on le lui répète... Le premier enthousiasme passé, elle sera déçue. Et le Singe, même avec la meilleure volonté du monde, ne saurait devenir ce qu'il n'est pas, rien que pour lui faire plaisir.

Chèvre/Coq

Il n'y a pas grand-chose de commun entre eux, excepté peut-être l'amour de la campagne, et un certain don pour les « mondanités ». Mais ils se comprendront mal. Bien sûr, la Chèvre se sentira en sécurité, car le Coq travaillera pour deux. Mais en échange, il attendra d'elle une présence compréhensive, permanente, une sorte d'encouragement, de soutien moral, qu'elle ne souhaitera, ou ne pourra, lui apporter.

Troublé, le Coq se renfermera sur lui-même – tout en jouant les beaux indifférents, rôle dont il est le spécialiste incontesté. La Chèvre, prenant son attitude au « pied de la lettre », se réfugiera dans le vagabondage... Et le fossé se creusera de plus en plus.

D'autre part, si l'homme est Chèvre, et la femme Coq, elle le harcèlera sans arrêt, et ne supportera pas son côté « bohème ». Ou alors, il faudrait qu'elle soit son imprésario... Elle lui fera faire de grandes choses... Ils parviendront ainsi à une meilleure compréhension, à une estime réciproque, qui, cahin-caha, rendra leur couple plus solide.

Copains comme cochon

Chèvre / Chien

Les natifs de la Chèvre s'inquiètent souvent pour leur présent et leur avenir proche. Ceux du chien ont une inquiétude plus large et plus profonde. Les uns et les autres ont besoin d'être rassurés quant à la fidélité d'autrui, à la valeur des sentiments qu'on leur porte, et sont, à des degrés différents, pessimistes. La Chèvre avec philosophie, le Chien avec angoisse...

Autant ne pas les mettre dans le même bateau, sans quoi ils iraient de Charybde en Scylla, sans prendre le temps de souffler ! ils ne feraient qu'actualiser et développer leurs inquiétudes réciproques... On les retrouverait gavés de tranquillisants, et prédisant, entre deux overdoses médicamenteuses, la fin du monde et des sociétés industrialisées. Autre obstacle : le Chien comprend mal la fantaisie. Il est sérieux, responsable, plaisante rarement. Les accès de fantaisie de la Chèvre lui sembleront autant d'insultes au bon sens. Non, vraiment, on les voit mal ensemble... A moins qu'ils ne fondent une secte mystique et écologique.

Chèvre / Sanglier

Alliance profitable pour ces deux signes : chacun y trouvera son compte. Le Sanglier, *maître du palais*, est né sous le signe de l'opulence, et il est généreux. La Chèvre adore les palais, à condition de pouvoir en sortir, ce qui ne posera aucun problème, car le Sanglier, peu exclusif, la laissera vagabonder à son aise. Elle adore aussi l'opulence, et a le chic pour la transformer en confort, en harmonie, ce qui ne saurait déplaire au Sanglier épris de beauté.

Leur plus grand point commun est le goût du beau, du paisible, du calme raffiné. Dans leur désir de le préserver, ils sauront se faire, réciproquement, les concessions nécessaires. Et quand ils seront en froid, ils iront faire un petit tour dans les galeries d'art, histoire de trouver ou de retrouver un terrain d'entente.

Le seul risque est que la Chèvre, consciente de l'indulgence de son partenaire, aille trop loin, et se montre fantasque, imprévisible, irrationnelle... Le Sanglier aimable se transformera en censeur sévère et intraitable. Il lui tapera sur les doigts comme un maître d'école... Et il aura le dernier mot.

CÉLÉBRITÉS DE LA CHÈVRE

Adamo, Isabelle Adjani, Ampère, Balzac, Joséphine de Beauharnais, Simone de Beauvoir, Cyrano de Bergerac, Bergson, Bernadotte, Louis Blanc, Boucher, César Borgia, Casimir-Perier, Cervantès, Solange Chaput-Roland, Charette, Clouzot, Colbert, Pierre Curie, Daguerre, James Dean, Catherine Deneuve, Marcel Dubé, Dumouriez, Jacques Dutronc, Thomas Edison, Paul Eluard, John Ford, Théophile Gautier, Pierre Gaxotte, Jean Giono, Annie Girardot, Guizot, Johnny Halliday, Kafka, Serge Lama, Jacques Languirand, Pierre Laval, Sylvain Lelièvre, Liszt, Daphné du Maurier, Mendès-France, Michel-Ange, Mirabeau, Moravia, Morny, Mussolini, Laurence Olivier, Pagnol, Pouchkine, Proust, Raimu, Ravachol, Renan, Le roi de Rome, Tino Rossi, André Rufiange, Saint-Saëns, La Comtesse de Ségur, Michel Simon, Steinlein, Swift, Talma, Thackeray, Tirso de Molina, Turgot, Mark Twain, Roger Vaillant, Rudolph Valentino, Paul Valery, J.-L. de Villalonga, John Wayne.

LE COMPAGNON
DE ROUTE

令也於是人物之生命性即理也在天則曰命在人則曰性理

散了然他根却在這裏根既在此又却能引聚得他那氣在此。

Après le signe chinois de votre année de naissance, voici celui de votre heure de naissance.

Qu'est-ce qu'un Compagnon de route ? Une sorte « d'Ascendant » en correspondance avec votre heure de naissance, un autre animal appartenant au cycle des douze animaux emblématiques chinois. Un compagnon vous emboîtant le pas, prêt à vous porter secours, défiant pièges et embûches sur votre route, ombre permanente et bénéfique rendant possible l'impossible.

C'est un complément, un *plus* : avec son caractère propre, sa tendance, sa psychologie différente, il sera à la fois témoin et acteur de votre vie, ange gardien et avocat du diable.

N'avez-vous pas déjà ressenti, au fond de vous, la présence subtile d'un autre « moi-même », avec lequel vous vivez, tantôt en harmonie, tantôt en conflit ? Qui tantôt vous critique, tantôt vous encourage ? C'est cela, le Compagnon de route.

Il fera parfois figure d'imposteur, d'importun. Il est vrai qu'il dérange souvent nos habitudes, notre confort moral ou spirituel. Avec ce double intérieur, la route est moins monotone et le voyageur multiplie ses chances d'arriver au but qu'il s'est fixé, peu importe le but − seul compte le voyage. Le plus grand danger venant du sommeil, il est utile d'avoir un Compagnon capable de vous maintenir en « état d'éveil », renversant pour cela, si nécessaire, vos points de repères, piétinant vos jardins secrets, déchirant enfin le grand voile de l'illusion.

Il arrive quelquefois que le Compagnon de route soit le signe même de votre année de naissance, un frère jumeau en quelque sorte, par exemple : une Chèvre/Chèvre. Dans ce cas sachez qu'il vous acculera à vous assumer pleinement et à vivre le double aspect, le Yin et le Yang que vous portez en vous... De toute façon vous portez en vous les douze Animaux. Alors partez sur la longue route, pour la grande aventure, le beau voyage au cours duquel vous croiserez harmoniquement enchevêtrés le solennel et le grotesque, le réel éphémère, le rêve et l'imaginaire.

Tableau des correspondances horaires des douze animaux emblématiques

Si **vous êtes né** entre 23 h et 1 h votre **compagnon** est	Rat
1 h et 3 h	Buffle
3 h et 5 h	Tigre
5 h et 7 h	Chat
7 h et 9 h	Dragon
9 h et 11 h	Serpent
11 h et 13 h	Cheval
13 h et 15 h	Chèvre
15 h et 17 h	Singe
17 h et 19 h	Coq
19 h et 21 h	Chien
21 h et 23 h	Sanglier

Ces données correspondent à *l'heure solaire* de votre naissance. Vous devez consulter la liste des heures d'été pour savoir si vous devez retrancher une heure de l'heure légale.

Heures d'été au Québec depuis 1918

1918: du 14 avril au 27 octobre
1919: du 31 mars au 26 octobre[1]
1920: du 2 mai au 3 octobre
1921: du 1 mai au 2 octobre
1922: du 30 avril au 1 octobre
1923: du 17 juin au 1 septembre
1924: du 15 juin au 10 septembre[2]
1925: du 3 mai au 27 septembre
1926: du 2 mai au 26 septembre
1927: du 1 mai au 27 septembre
1928: du 29 avril au 30 septembre
1929: du 28 avril au 29 septembre
1930: du 27 avril au 28 septembre
1931: du 26 avril au 27 septembre
1932: du 24 avril au 25 septembre
1933: du 30 avril au 24 septembre
1934: du 29 avril au 30 septembre
1935: du 28 avril au 29 septembre
1936: du 26 avril au 27 septembre
1937: du 25 avril au 26 septembre
1938: du 24 avril au 25 septembre
1939: du 30 avril au 24 septembre
1940*: Heure de guerre avancée
1941*: Heure de guerre avancée
1942*: Heure de guerre avancée
1943*: Heure de guerre avancée
1944*: Heure de guerre avancée

```
1945*:              au 30 septembre
1946: du 28 avril au 29 septembre
1947: du 27 avril au 26 septembre
1948: du 26 avril au 26 septembre
1949: du 24 avril au 30 septembre
1950: du 30 avril au 24 septembre
1951: du 29 avril au 30 septembre
1952: du 27 avril au 28 septembre
1953: du 26 avril au 27 septembre
1954: du 25 avril au 26 septembre
1955: du 24 avril au 25 septembre
1956: du 29 avril au 30 septembre
1957: du 28 avril au 27 octobre
1958: du 27 avril au 26 octobre
1959: du 26 avril au 25 octobre
1960: du 24 avril au 30 octobre
1961: du 30 avril au 29 octobre
1962: du 29 avril au 28 octobre
1963: du 28 avril au 27 octobre
1964: du 26 avril au 25 octobre
1965: du 25 avril au 31 octobre
1966: du 24 avril au 30 octobre
1967: du 30 avril au 29 octobre
1968: du 28 avril au 27 octobre
1969: du 27 avril au 26 octobre
1970: du 26 avril au 24 octobre
1971: du 25 avril au 31 octobre
1972: du 30 avril au 29 octobre
1973: du 29 avril au 28 octobre
1974: du 28 avril au 27 octobre
1975: du 27 avril au 26 octobre
1976: du 25 avril au 31 octobre
1977: du 24 avril au 30 octobre
1978: du 30 avril au 29 octobre
1979: du 29 avril au 28 octobre
1980: du 27 avril au 26 octobre
1981: du 26 avril au 25 octobre
1982: du 25 avril au 31 octobre
1983: du 24 avril au 30 octobre
```

(1) Pour Sherbrooke: du 30 mars au 26 octobre 1919.
(2) Pour Montréal: du 17 mai au 28 septembre 1924.
*Heure de guerre avancée toute l'année. Toutefois certains petits villages n'ont pas toujours suivi l'heure avancée.

Position par rapport
à Greenwich

Consultez maintenant la carte du Québec indiquant la position des principales villes par rapport au méridien de Greenwich. Selon la position de votre ville ou village natal par rapport à Greenwich, il convient de retrancher un certain nombre de minutes.

(Certains astrologues utilisent l'heure de Pékin. Pour la trouver, il suffit d'ajouter huit heures à l'heure solaire de votre naissance.)

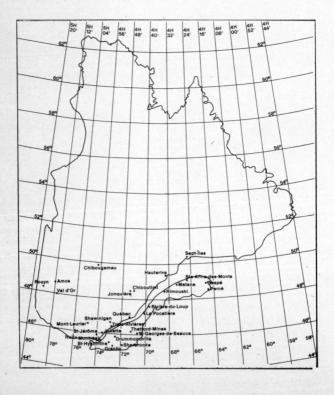

LA CHÈVRE
ET SON COMPAGNON
DE ROUTE

LA CHÈVRE/RAT

Un excellent Compagnon pour la Chèvre. Très différente de lui, d'une nature gaie et insouciante, artiste intuitif et fin elle sera une prodigieuse thérapeutique pour le rongeur mal aimé et angoissé qu'est le Rat. De plus, la Chèvre apprécie l'envoûtement et la fascination et dans ce domaine, avec le Rat, elle ne s'ennuiera point. Tous deux auront tendance à flotter dans un monde d'illusions, mais puisqu'ils y trouveront leur compte, qu'importe qu'ils y fassent figure d'aveugles et de sourds, chez ces deux voyageurs c'est parfois une technique...

LA CHÈVRE/BUFFLE

Une petite note de sérieux sur la route de notre Chèvre. Le Buffle solide sera pour elle un excellent compagnon. On peut compter sur lui pour ramener les sabots de la Chèvre sur terre... Mais avec elle, les profonds sillons du Buffle s'orneront de sentiers épineux, de fleurs sauvages et de bouquets de ronces. Tout en conservant une certaine gravité, la Chèvre/Buffle sera capable de cabrioles, inattendues. La route sera donc passionnante, à condition que vous sachiez mettre au point le bon dosage de rigueur et de fantaisie.

LA CHÈVRE/TIGRE

Un Tigre rêveur et artiste, un fauve se dissimulant derrière de gros nuages, bondissant dans les étoiles. Cette nature sera douce, féline, avec d'imprévisibles accès de brusquerie. Le sens pratique lui fera un peu défaut, mais elle n'hésitera pas à prendre des risques... et ne sera jamais ennuyeuse. Attention cependant à ce que le Tigre qui est en vous ne vous dévore pas...

LA CHÈVRE/CHAT

Sera du genre doux rêveur. Il vivra en dehors du concret, dans un monde de nuages. S'il ne peut trouver le confort qui lui est si cher, il le cherchera dans ses rêves. Ce sera un amoureux du voyage, à la recherche d'un ailleurs, toujours plus merveilleux. Une nature souple, un intuitif de charme, rien ne semblera l'atteindre, pas même les épreuves, qu'il surmontera en les intégrant à son univers créateur. Ni collier, ni laisse pour la Chèvre/Chat, qui est une fugueuse...

LA CHÈVRE/DRAGON

Imaginez une bête terrifiante – mais possèdant des écailles multicolores – crachant le feu – mais chaussée de ravissants sabots, et couronnée de cornes gracieuses. Ainsi apparaît la Chèvre/Dragon, qui se sent merveilleusement bien dans sa peau. La Chèvre qui accompagne le Dragon réalise et concrétise son rêve le plus fou, elle lui offre sur un plateau de nuages ces mets savoureux que l'on nomme fantaisie, imaginaire et merveilleux. Le Dragon souvent trop sérieux apprendra à se détendre. La Chèvre/Dragon, animal « tous terrains » ne sera pas seulement une mécanique complexe et bien réglée ; elle pourra s'évader, devenant Dragon d'azur subtil, de brise fine et de nuée capricieuse.

LA CHÈVRE/SERPENT

Pour qui le croisera sur sa route, il sera plutôt dangereux d'en tomber amoureux. En effet, côté fidélité, impossible de lui faire confiance. Cet ophidien-chèvre est un être volage, plein de fantaisie, un artiste, qui vous fera devenir « chèvre » si vous entreprenez de le séduire. Il se montrera d'abord docile, recherchera votre protection, mais ensuite il vous mènera joyeusement... par le bout du nez. Lui-même sera exclusif et jaloux, car les contradictions ne le gênent guère, et sa mauvaise foi est désarmante. Dans la vie il aura beaucoup de chance, de bon goût et de finesse, mais son instabilité lui causera des torts qui ne seront hélas pas toujours réparables, surtout dans sa maturité.

LA CHÈVRE/CHEVAL

La rêverie et la fantaisie conduiront cet alliage à un vagabondage un peu capricieux et charmant, favorisant une évasion vers des domaines d'azur, nuées et féeries, parmi les chimères, les mirages, et toutes les créatures diaphanes de l'imaginaire. La Chèvre/Cheval aura besoin d'épopée, son ardeur sera conquérante, mais elle préfèrera l'art et les cabrioles poétiques aux chevauchées guerrières. Son univers familier s'ouvrira sur d'autres dimensions, sur de subtils espaces intérieurs qu'aucune logique ne peut répertorier ni mesurer.

LA CHÈVRE/CHÈVRE

Ne possèdera pas un très grand sens des réalités, du reste, peu lui importe, la Chèvre/Chèvre sera une amoureuse du voyage, toujours prête à bondir, à cabrioler, elle aura tendance à être tête en l'air et s'attirera des ennemis, autant par son insouciance, que par son manque de gravité, et son mépris des conventions. Vous aurez beau lui mettre son museau dans l'erreur, elle vous échappera, en effectuant une gracieuse pirouette soulignée d'un pied de nez. La Chèvre/Chèvre prendra, c'est le moins que l'on puisse dire, la vie du bon côté. La route, même semée d'embûches, ne la découragera jamais, elle la parcourra, pleine de bonne volonté, de désinvolture et de bonne humeur...

LA CHÈVRE/SINGE

Intuitive et intelligente, elle ne tiendra guère en place. Elle perdra parfois un peu de sa fantaisie au profit de l'orgueil, mais elle y gagnera plus de constance et de suite dans les idées – bien qu'il ne soit pas prouvé qu'elle ait foncièrement envie de les mener jusqu'au bout. Le Singe aime à sauter de branche en branche, et la Chèvre bondit sans cesse de nuage en nuage. Leur alliage sera donc particulièrement virevoltant ! Sur le plan affectif, la Chèvre/Singe risque fort d'être un véritable bourreau des cœurs !

LA CHÈVRE/COQ

Avec le sens de la générosité et du don de soi, cet animal sera honnête et pur, mais hélas son caractère sera souvent changeant, difficile à cerner. La Chèvre/Coq aura tendance à ruer, à se cabrer, car elle ne supportera pas les liens, les conseils et la dépendance. Cette créature a des velléités de liberté très marquées. Elle a besoin d'être rassurée, chouchoutée, mais elle souffre de montrer ses faiblesses, et refuse de se laisser aller. La fierté l'emportant toujours, sa principale motivation semble être de se démarquer des autres animaux. Elle se voudra originale et fantaisiste à tout prix, et si, par malheur, vous lui contestez ces qualités elle se montrera agressive, lunatique, voire même un peu cruelle. Toutefois, elle n'est pas rancunière et vous la verrez trottiner, le lendemain, l'œil brillant, des fleurs à la main...

LA CHÈVRE/CHIEN

Sera douée d'une remarquable intuition. Hélas, cet animal aura tendance à se compliquer la vie, changeant d'humeur, d'idées et de décisions, revenant sur ses pas, devenant méfiant et pessimiste. Toutefois la Chèvre/Chien sera fidèle et courageuse : même si elle possède l'art de se mettre dans des situations périlleuses, elle n'en démordra pas et ira jusqu'au bout. Ce qu'elle recherche, au fond, c'est qu'on la remarque, et qu'on s'y attache. Car ce qui lui est le plus insupportable, c'est la solitude et le manque d'affection.

LA CHÈVRE/SANGLIER

Ne sera pas facile à apprivoiser. De nature soupçonneuse, la Chèvre/Sanglier choisira la solitude, à travers les chemins broussailleux et rocheux. Elle possèdera un caractère buté, entêté, quelquefois même borné. Il faut dire qu'elle est souvent crédule, mais lucide, c'est pourquoi elle préfère accomplir sa route en solitaire, loin des dangers et des mauvaises rencontres. De plus la Chèvre/Sanglier est une orgueilleuse et n'aime pas reconnaître ses torts, mais cela ne l'empêche pas d'être tolérante et toujours prête à pardonner. On dira d'elle parfois qu'elle est un peu sorcière, si vous la croisez n'oubliez pas qu'elle a au fond le cœur tendre et vulnérable.

3e partie :

LA CHÈVRE
ET LES CINQ
ÉLÉMENTS

VOTRE ÉLÉMENT

Dans l'astrologie chinoise, chaque année est associée à un Élément. Ces Éléments sont au nombre de cinq : *Eau, Feu, Bois, Métal, Terre.*

Chacun des douze animaux emblématiques sera donc successivement rattaché à chacun des cinq Éléments. Par exemple, en 1900 le Rat est Terre, en 1912 il est Feu, en 1924 il est Métal, en 1936 il est Eau, en 1948 il est Bois.

Le couple primordial et les cinq éléments

Pour déterminer l'Élément correspondant à l'année de votre naissance, utilisez les concordances figurant ci-dessous :

_ *Années se terminant* par 1 et 6 : Eau
2 et 7 : Feu
3 et 8 : Bois
4 et 9 : Métal
5 et 0 : Terre

Un même mariage *Animal-Élément* revient donc tous les 60 ans ; exemple : Rat-Terre : 1960 - 1900 - 1840 - 1780 - 1720 - etc.

Ces cinq Éléments sont des forces essentielles agissant sur l'univers, associés aux signes, voilà le fondement de tout horoscope. Mouvance et fluctuance, Yin et Yang, ces forces-symboles sont en perpétuelle action et inter-action.
Le Bois enfante le Feu qui enfante la Terre, qui enfante le Métal qui enfante l'Eau qui à son tour enfante le Bois...

LA CHÈVRE/EAU
(vous êtes né en 1931)

Au nord, dans le ciel, naquit le froid. Descendant sur la terre il engendra l'Eau. Pour la Chine, l'Eau est davantage synonyme de froideur et de glace que source de fertilité.

La tendance Chèvre/Eau

Eau des nuits d'hiver, froideur, rigueur et sévérité, eau calme et profonde engendrant crainte et respect, eau dormante abritant des démons sous-marins qui sommeillent. Eau fétide et boueuse des marais. Refuge des rampants.

La Chèvre sera toutefois dans son Élément, elle qui crève les nuages, qui fertilise la végétation, et participe à la montée du grain. En effet, la Chèvre se tonifiera au contact du liquide qui deviendra lui-même eau vive, eau de source et de pluie. La Chèvre/Eau gambade parmi les nuages, sautille dans les prairies, enjambe les ruisseaux, dont elle s'amuse à suivre les méandres capricieux. L'Élément Eau ne pourra être que symbole de fertilité, et gage de bonne santé pour une Chèvre, tout au long de son existence.

La santé Chèvre/Eau

L'organe Eau est le rein, son goût est le salé. Restez actif et vous conserverez votre jeunesse et votre force. Buvez beaucoup d'eau et hydratez votre corps.

La Chèvre/Eau et les autres

La Chèvre/Eau sera de nature tempérée et réfléchie, capable d'être à l'écoute ; en se surveillant, elle évitera d'être excessive, et acceptera les épreuves éventuelles avec calme et sérénité. La Chèvre ainsi maîtresse d'elle-même pourra se retrouver à un poste de commandement, dont elle fera un jeu, une expérience personnelle. Elle sera également à l'aise dans la foule, qu'elle saura faire vibrer, la dirigeant sans violence, avec mesure, recul et humour.

La Chèvre/Eau sera plutôt pacifiste : résolument humaniste, elle pourra se dévouer aux problèmes sociaux, à la justice. Mais les arts auront toujours sa préférence. Pour elle, ils seront un moyen de communication, un langage, plus qu'une recherche purement esthétique.

Des conseils pour une Chèvre/Eau

Vous êtes d'une nature vive, active, gardez confiance en vous, même en période difficile ; la Chèvre/Eau est symbole de succès.

UNE ANNÉE CHÈVRE/EAU

Le point culminant pour une année Chèvre/Eau sera la saison d'hiver, période de gestation. Le Yin de l'eau équilibrera le Yang de la Chèvre.

Vous serez au mieux de votre forme physique, et cette année vous apportera des succès que vous aurez gagnés à force de persévérance et de dynamisme. Détournez-vous de l'eau qui dort, elle n'est point pour une Chèvre un bon parti, même si elle vous attire − c'est pour mieux vous retenir...

Exemple historique d'une année Chèvre/Eau

1871

Vaincu à Sedan par les Prussiens, le Second Empire s'est écroulé. A la tête d'une République encore hésitante, Thiers bâcle, avec Bismark, une paix jugée honteuse par les Parisiens qui s'insurgent : c'est la Commune. Thiers abandonne délibérément la capitale où flotte le drapeau rouge, et s'installe à Versailles, avec l'armée et le gouvernement légal − afin de mieux écraser la rebellion. Le 19 mars, la rupture est irréversible : Communards et Versaillais sont prêts à en découdre, sous l'œil goguenard de l'occupant prussien, ravi de voir les Français s'entredéchirer.

« Paris, dit Thiers, sera aussi soumis à la puissance de l'État qu'un hameau de cent habitants. » « C'est le réflexe du provincial. Sa revanche sur Paris. Le drame de la Commune est là. Thiers s'appuie sur la province pour avoir raison de la Commune. Mais en province il y a précisément des éléments républicains nombreux, puissants, exigeants. La Commune leur donne d'abord un frisson d'enthousiasme. Puis ils sont coupés d'elle, sans nouvelles. Républicains de Lyon, de Bordeaux et d'ailleurs, francs-maçons d'un peu partout, adjurent Thiers de défendre ce commencement de République, et d'en promettre une vraie, complète, définitive. Et c'est le grand pacte secret qui se noue entre Thiers et la province républicaine. Promettez-nous la République, disent les provinciaux ; ne la laissez pas périr par l'Assemblée. D'accord, répond Thiers, je vous garderai la République, je vous en donnerai peu à peu une, définitive, mais laissez-moi faire à Paris. Par ce pacte, Thiers a maintenu l'ordre en province. Cet ordre assuré lui a permis de consacrer tout son temps et tous ses efforts à réprimer la Commune. » (Charles Pomaret, Monsieur Thiers, Gallimard).

Grâce aux indécisions et aux rivalités des chefs de l'insurrection (où se conjuguent toutes les tendances socialistes et communistes de l'époque), les Versaillais réussissent à isoler, puis à investir la capitale. Le 21 mai, les troupes gouvernementales franchissent la porte de Saint-Cloud. C'est la semaine sanglante qui commence. Pendant huit jours, la bataille et le carnage se poursuivent, rue par rue. Les Fédérés incendient l'Hôtel de Ville et les Tuileries. Des milliers d'hommes, de femmes et d'enfants sont exécutés sommairement. Les salves des pelotons éclatent sans discontinuer, jour et nuit. La Seine est rouge de sang.

« Ceux qui ne furent pas exécutés, dit Maxime du Camp, furent transférés à Versailles. Les bourgeois et les aristocrates de Versailles se ruaient sur le cortège des prisonniers, les insultaient, les frappaient. Ceux qui protestaient étaient fusillés sur la route. »

Bilan : plus de vingt mille condamnations, dont trois mille à mort, et neuf mille à la déportation perpétuelle.

LA CHÈVRE/BOIS
(vous êtes né en 1943)

A l'Est, dans le ciel, souffla le vent, et de sa tiède caresse à la terre naquit le Bois.

La tendance Chèvre/Bois

Le Bois est du matin, du printemps, d'une nature tempérée, amoureux de l'harmonie, de la beauté et de l'élégance. Cet Élément sera fécond pour la Chèvre. Il lui apportera équilibre et puissance de création, goût du beau, de l'harmonie. Quoi de plus idéal pour une Chèvre artiste, fine, sensible et mère de la nature ? Vous descendrez de vos nuages, de votre voûte étoilée, la démarche nonchalante et l'œil vif. Votre curiosité sera satisfaite, car vous irez de découverte en découverte, sans jamais vous lasser. Votre vie sera vécue avec art, douceur, remplie de charme, de bonne humeur et d'harmonie. Attention cependant : le Bois est un Élément ambivalent, sujet à la colère, à la passion et aux excès. Ce qui pourrait bien vous pousser à de brusques ruades, à des accès de violence intempestive et déconcertante.

La santé Chèvre/Bois

L'organe Bois est le foie, son goût est l'acide. La Chèvre/Bois sera inquiète, elle se fera du mauvais sang, de la bile. Vous aurez un caractère très soupe au lait, très lunatique. Certains jours seront paradisiaques et harmonieux, d'autres sombres et torturés ; en ces tristes périodes, la Chèvre/Bois aura tendance à compenser par la gourmandise... attention à la ligne.

La Chèvre/Bois et les autres

La Chèvre/Bois étant consciente de son angoisse perpétuelle face à la société, optera pour un style décontracté, mais en fait faussement détendu. Rien ne semblera l'atteindre. A la moindre alarme, elle aura

Le bois peut rendre impulsif et colérique

tendance à se réfugier dans sa tour d'ivoire, rejoignant d'un bond son fantasque univers d'azur et de nuages. Ce sera en effet une véritable technique défensive, face au doute, à l'échec et à la dépression. Lorsqu'on lui imposera des structures rigides, la Chèvre/Bois s'en tirera d'une pirouette, et improvisera très intelligemment, son imagination fertile lui étant d'un précieux secours. Inventive, créative, les arts et la nature seront ses intérêts principaux. Là elle donnera la pleine mesure de sa finesse et de sa sensibilité, pouvant ainsi joindre l'utile à l'agréable.

Des conseils pour une Chèvre/Bois

Vous êtes née sous une bonne étoile, vous êtes symbole de chance et de succès. Artiste, fine, sensible, dotée d'un bon physique... L'avenir est à vous, ne le piétinez pas avec une rage enfantine, sous prétexte de vous défouler...

UNE ANNÉE CHÈVRE / BOIS

Le point culminant pour une année Chèvre / Bois sera la saison du printemps, période d'abondance et de prospérité. La tendance Yang de la Chèvre s'additionnera au Yang du printemps.

Vous allez vivre une année d'harmonie, évoluant à travers les arts et la nature avec bonne humeur et curiosité. Alors, prenez garde et maîtrisez votre susceptibilité, afin qu'elle ne vienne point rompre cette douceur printanière...

Exemple historique d'une année Chèvre / Bois

1223

Sorti, avec ses farouches cavaliers, du fin fond de la Mongolie, Gengis Khan s'est taillé, en trente ans, le plus vaste empire de l'histoire du monde : il comprend l'Asie centrale, la Chine, le Moyen-Orient. Infatigable, malgré ses soixante ans passés, le grand empereur lance une nouvelle expédition − une horde de vingt mille cavaliers − vers les plaines russes. L'envahisseur doit affronter cent mille hommes, commandés par Mstislav Romanovitch, prince de Kiev.

« La rencontre eut lieu au bord du Dniepr. Se voyant par trop inférieurs en nombre, les Mongols essayèrent de persuader les Russes qu'ils avaient intérêt à s'entendre avec eux. Pour toute réponse, les Russes lancèrent un pont de bateaux sur le Dniepr et passèrent à l'attaque, bien protégés par leurs boucliers de cuir rouge et leurs casques de fer.

« Mstislav se voyait déjà vainqueur, quand la formidable machine de guerre mise au point par Gengis Khan commença à fonctionner. Regroupés sur un terrain à leur convenance, les vingt mille cavaliers mongols, dont chacun avait à sa disposition deux ou trois montures de réserve, se disposèrent en bataille et firent front aux Russes selon leur tactique coutumière. Correspondant entre eux au moyen de signaux optiques intelligibles d'eux seuls, leurs différents bataillons jouèrent autour de l'ennemi une curieuse partie de cache-cache qui força celui-ci à se défendre de tous côtés. La lourde infanterie russe, armée de haches et de lances, avait à peine esquissé un mouvement tournant qu'elle était de part en part traversée par un assaut de cavalerie surgi sur ses arrières. Quant à ses cavaliers, puissamment cuirassés, ils étaient arrachés de leur selle par le lasso de l'adversaire avant d'avoir vu jaillir celui-ci des buissons où il se dissimulait, couché sur l'encolure de ses petits chevaux.

« Bientôt les Russes furent complètement défaits. Les Mongols les firent exterminer et réservèrent à leurs chefs une fin spectaculaire : on jeta sur eux, après les avoir enchaînés et couchés sur le sol, un plancher sur lequel fut donnée une fête en l'honneur de la victoire. Tous périrent étouffés et broyés.

« Longeant la mer Noire à l'ouest et traversant la Volga à l'est, les vingt mille cavaliers mongols s'enfoncèrent dans les provinces russes du sud et du centre, qu'ils ravagèrent et pillèrent méthodiquement jusqu'à la fin de l'année 1223, où leur parvint l'ordre de regagner la Mongolie. » (J. Rousselot, Gengis Khan, Table Ronde.)

Bientôt, l'empire du grand Khan s'étendra du Danube à l'Alaska, et de l'Égypte à la Corée.

LA CHÈVRE/FEU
(vous êtes né en 1907 et 1967)

Au sud, dans le ciel, naquit la chaleur, elle descendit sur terre et la féconda. De leur union naquit le Feu.

La tendance Chèvre/Feu

L'Élément Feu est du midi, du sud, de l'été. Le Feu est Yang, il est celui qui chauffe, brûle, transforme, bouleverse. Le Feu habitant une Chèvre lui donnera un surcroît d'énergie. Pour ce signe artiste et créateur, il sera force d'inspiration, catalyseur d'expression, source d'ardeur inventive et d'images inédites. Toutefois, la Chèvre ne devra jamais oublier d'entretenir ce Feu scrupuleusement.

S'il venait à s'essouffler et à s'éteindre, la Chèvre serait alors réduite à l'angoisse, au refoulement, condamnée à l'auto-censure, acculée à une remise en cause permanente et finalement stérilisante.

La santé Chèvre/Feu

L'organe Feu est le cœur, son goût est l'amer. Feu de l'été, feu du sud Yang + Yang. La Chèvre devra prendre garde à l'agressivité, la violence, la colère. Ne pas trop se dépenser, se disperser, car ses belles énergies se transformeraient alors en fumée...

La Chèvre/Feu et les autres

Symbole de guerre, de passion et de violence, le Feu est également lucide et clairvoyant. La Chèvre aura besoin de toute sa diplomatie naturelle pour atténuer, comprimer l'agressivité latente de cet Élément. Elle pourra devenir un avocat brillant, percutant et anti-conformiste, ou un animateur particulièrement dynamique. Si vous êtes Chèvre/Feu, attention à votre incorrigible dispersion, qui risque de vous épuiser, et d'étourdir votre entourage. Alors ralentissez le rythme, apprenez à vous détendre, à vous relaxer.

Des conseils pour une Chèvre/Feu

Vous avez une forte personnalité, ne la brimez pas, mais ne vous croyez pas autorisé à en faire trop, vous deviendriez pénible et un peu envahissant. La chaleur du Feu est nécessaire, mais pas jusqu'à l'étouffement.

UNE ANNÉE CHÈVRE/FEU

Le point culminant pour une année Chèvre/Feu sera la saison d'été, période de création.

Une année active, vous pourrez laisser libre cours à votre imagination, elle se concrétisera et vous apportera beaucoup de satisfaction. Toutefois, sachez vous ménager, et ne dispersez pas vos énergies à tous vents, elles deviendraient alors fumée.

Exemple historique d'une année Chèvre/Feu

1187

Le Royaume chrétien de Jérusalem vit ses dernières grandes heures. Fondé par Godefroy de Bouillon, en 1099, il a résisté, depuis ce temps, aux assauts répétés des princes musulmans de la région − grâce aux croisades successives, et à l'action des chevaliers du Temple. Mais la pression musulmane est de plus en plus menaçante, et les seigneurs chrétiens de plus en plus divisés.

En 1187, Guy de Lusignan monte sur le trône de Jérusalem. « Le nouveau roi de Jérusalem n'allait pas tarder à révéler sa personnalité, ou plutôt son absence de personnalité ; influençable, velléitaire, il était à la merci de son entourage ; cet entourage étant ce qu'il était, on pouvait tout redouter. Ce fut le pire qui arriva : Saladin, Sultan d'Égypte, préparait alors une expédition de représailles pour venger le pillage de la caravane opéré par Renaud de Châtillon et, le 1er mai, Gérard de Ridefort, grand maître du Temple, lançait inconsidérément, contre sept mille Mamelouks, cent quarante chevaliers qui furent immédiatement massacrés. Puis ce fut, sous couleur de venger les morts, la marche fatale vers Hättin, l'armée follement engagée dans des collines arides, sans eau, sans ombre, et l'attaque décidée finalement sous l'influence de Ridefort et par ordre du roi Guy à l'encontre du conseil des barons. Cette armée, engagée dans les pires conditions, offrit aux Sarrasins une cible facile ; il suffit d'un feu de broussailles rabattu par le vent pour étouffer littéralement les malheureux, et, tandis que Raymond de Tripoli et ses hommes réussissaient une percée désespérée dans les rangs de l'ennemi, tout le reste tomba au pouvoir de Saladin. Celui-ci eut la générosité d'épargner Guy de Lusignan. Il le reçut dans sa tente et, comme le malheureux tremblait d'effroi, le rassura : "un roi ne tue pas un roi." Mais devant Renaud de Châtillon sa conduite fut tout autre, et l'on raconte que, selon le serment qu'il avait fait, c'est de sa propre main qu'il tua l'aventurier. Puis le Sultan fit attacher au poteau d'exécution, un à un, chacun des deux cent trente templiers qui avaient été faits prisonniers. A chacun tour à tour était offerte la possibilité d'avoir la vie sauve à condition d'embrasser la religion musulmane. Pas un seul n'y consentit et tous eurent successivement la tête tranchée. » (Régine Pernoud, Les hommes de la croisade, Tallandier.)

L'agonie des provinces franques de Terre sainte se prolongera encore pendant un siècle. Mais le coup fatal a été porté : les chrétiens ne s'en relèveront jamais.

Guy de Lusignan

LA CHÈVRE/TERRE
(vous êtes né en 1955)

Du ciel, le zénith humide s'écoula lentement afin d'y engendrer la terre...

La tendance Chèvre/Terre

Terre de l'après-midi, terre humide et chaude de l'été. Terre symbole du nid douillet, du confort et de l'abondance. Terre des transformations lentes et profondes, Élément d'enracinement et de germination, c'est, pour la Chèvre, un merveilleux refuge abritant ses rêveries et ses méditations, à condition toutefois de rester à fleur de nature — petite grotte, anfractuosité propice au retranchement, au repos et au vagabondage mental. La caverne profonde serait un univers étranger un peu inconfortable pour la Chèvre extravertie et céleste. Pour elle la Terre doit être un moyen, un passage, un tremplin, avant l'action, le bond, la pirouette. Elle devra l'utiliser, mais ne pas s'y enfermer, elle y perdrait sa vitalité, son insouciance et sa désinvolture, traits essentiels qui font son charme, et qui sont nécessaires à son équilibre.

La santé Chèvre/Terre

L'organe Terre est la rate, son goût est le doux. La Chèvre/Terre devra veiller à rester active, sinon elle deviendrait morose et prendrait du poids, ce qui gênerait considérablement ses excursions dans les domaines du rêve et de la fantaisie. La méditation deviendrait alors rapidement lénifiante et auto-destructrice. Vivez à l'air libre, vous n'avez rien d'une créature souterraine et rampante, vous êtes avant tout aérienne.

La Chèvre/Terre et les autres

La Chèvre/Terre sera plus réaliste que les autres Chèvres. Elle sera également plus prudente et méfiante.

Aimant davantage entasser, accumuler, spéculer. Elle aura des vertus de labeur et de conscience professionnelle, mais rarement de l'envergure, car son caractère insouciant et fantasque finira toujours par reprendre le dessus. Par contre, dans un métier artistique — surtout la scène, ou la

variété — elle accomplira sa tâche avec beaucoup de sérieux, et saura engranger en vue des mauvais jours. Ses rêveries, teintées d'une certaine gravité, d'une mélancolie un peu romantique, peuvent la pousser vers la philosophie, la religion, ou les sciences occultes. Elle y apaisera ses inquiétudes et y canalisera ses fantasmes secrets, tout en y exaltant son besoin d'effusion et d'amour universel, dans la passion du rituel et de la dévotion quotidienne.

Des conseils pour une Chèvre/Terre

Le caractère studieux et prévoyant de votre nature terrienne n'empêchera jamais vos galipettes et vos brusques incartades. Alors ne gardez pas la tête baissée, en regardant la pointe de vos sabots : relevez le museau, et contemplez les étoiles...

UNE ANNÉE CHÈVRE/TERRE

Le point culminant pour une Chèvre/Terre sera l'été, rendant la terre chaude et humide. Vous pourrez vous tourner vers ce qui vous attire, les arts en général, car vous serez, cette année, libre des contraintes matérielles, donc libre tout court. Sachez mener à bien cette année, évitez l'oisiveté et l'immobilité, cela ne vous réussit pas, il vous faut le grand jour, le grand air et l'espace...

Exemple historique d'une année Chèvre/Terre

1715

Il règne sur la France depuis 72 ans. Il a eu d'immenses gloires, et des malheurs inouïs. A présent, épuisé par les chagrins familiaux, les déceptions politiques, et la gangrène qui lui dévore une jambe, Louis XIV, le Roi-Soleil, est en train de mourir. Le 26 août, il fait venir le petit Dauphin, son arrière-petit-fils – le futur Louis XV.

– Mon cher enfant, lui dit-il, vous allez être le plus grand roi du monde. N'oubliez jamais les obligations que vous avez à Dieu. Ne m'imitez pas dans le goût que j'ai eu pour la guerre. Tâchez de soulager votre peuple autant que vous pourrez, ce que j'ai eu le malheur de ne pouvoir faire par les nécessités de l'État. Songez toujours à rapporter à Dieu vos actions.

« Il embrasse l'enfant, le bénit deux fois. Le soir, il appela le duc d'Orléans et lui prescrivit de mener le petit roi à Vincennes où l'air était très sain, pendant que Versailles serait remis en ordre. Il réclama une cassette qui contenait un plan du vieux château, abandonné depuis la mort de Mazarin. Il avait trop aimé les parades pour ne pas régler celle de ses funérailles. Avec une minutie confondante, il alla jusqu'à fixer la longueur des manteaux de deuil, ordonna aux gentilshommes de "préparer leurs carrosses et leurs équipages et de ne point attendre sa mort pour le faire, afin que les ouvriers eussent le temps d'y travailler avec moins de fatigue !" » (P. Erlanger, Louis XIV, Librairie Académique Perrin.)

Le 28, il reçoit Mme de Maintenon, et lui déclare :

– J'avais ouï dire qu'il est difficile de se résoudre à la mort ; pour moi qui me trouve sur le point de ce moment si redoutable aux hommes, je ne trouve pas que cette résolution soit si pénible à prendre.

Le 31, à onze heures du soir, les prières des agonisants résonnent à travers les antichambres désertes. Chaque fois que le Roi reprend connaissance, sa voix domine celle des prêtres. On l'entend murmurer : « Oh mon Dieu, venez à mon aide, hâtez-vous de me secourir ! »

Le 1er septembre, un peu après huit heures du matin, la mort emporte « ce prince heureux s'il en fut jamais, en figure unique, en force corporelle, en santé égale et ferme et presque jamais interrompue, en siècle si fécond et si libéral pour lui en tous genres qu'il a pu en ce sens être comparé au siècle d'Auguste. » (Saint-Simon, Mémoires.)

Le corps sera transporté de nuit à Saint-Denis – tant on craint des manifestations populaires hostiles.

LA CHÈVRE/MÉTAL
(vous êtes né en 1919 et 1979)

Venant d'ouest, dans le ciel, la sécheresse effleura la peau de la terre et engendra le Métal. Vents venus des steppes lointaines, à la recherche de la sève vitale...

La tendance Chèvre/Métal

Le Métal est du soir, de l'automne et du froid. Il symbolise la clarté, la pureté et la fermeté. Il sera celui qui tranche, qui coupe, son tempérament sera rigide, chaste, ses propos acérés. Il oscillera entre beauté et destruction. Par ailleurs, il aura le sens des réalisations. Pour les moissons, il sera le fer qui glane. Hélas, trop de rigueur engendre tristesse et morosité.

Pour une Chèvre intuitive et artiste, l'apport Métal la freinera dans sa course aux étoiles, l'enfermant dans une armure étanche aux vibrations, aux parfums, à la musique – dont dépend bien souvent l'équilibre même de cet animal. La Chèvre/Métal risque, si elle n'y prend garde, de se dessécher le cœur et l'âme, en s'imposant une ligne de vie qui ne lui correspond pas, sous prétexte d'une morale, d'une religion ou d'une philosophie.

Elle devra rester vigilante et ne pas s'enfermer dans des dogmes, ou une « mystique » contraignante, et parfois illusoire...

Toutefois la finesse de la Chèvre ne pourra être complètement écrasée par cet élément Métal. Et si elle apprend à en exploiter les vertus, en se forgeant un solide sens des réalités, une acuité de jugement et de perspicacité, sans pour autant étouffer sa créativité, elle deviendra redoutable.

La santé Chèvre/Métal

L'organe Métal est le poumon, son goût est l'âcre. Pour son équilibre, la Chèvre/Métal devra s'aérer, s'oxygéner, ne pas rester enfermée, moralement ou physiquement. Redécouvrez la montagne...

La Chèvre/Métal et les autres

La Chèvre/Métal sera plus énergique et décidée que les autres Chèvres, avec une certaine tendance à juger et à sanctionner. Elle sera également plus équitable, rigoureuse et perfectionniste. Curieux mélange de fantaisie et d'exactitude, de complaisance et d'intransigeance, elle pourra paraître déconcertante, légère et facile dans certains domaines, intraitable dans d'autres. Cette ambiguïté risque de lui poser parfois des problèmes, et de la faire souffrir... Toujours foncièrement têtue, elle reconnaîtra difficilement ses torts... N'essayez pas trop de la contredire, même pour son bien. Si la foudre venait à lui tomber sur la tête, elle trouverait encore le moyen de se cabrer. Heureusement, cette Chèvre de Métal a une résistance à toute épreuve.

Des conseils pour une Chèvre/Métal

Entretenez avec un soin extrême les jointures de votre armure : qu'elles soient toujours flexibles et parfaitement lubrifiées. Il est vital pour vous de conserver souplesse et vivacité. Alors, vous aurez tout à gagner du Métal : du plomb dans la tête, et de l'or dans les doigts.

UNE ANNÉE CHÈVRE/MÉTAL

Le point culminant pour une année Chèvre/Métal sera la saison d'automne. La tendance Yin de la mi-saison équilibrera le Yang de la Chèvre, lui apportant tolérance et modération.

Profitez de cette année pour retrouver votre souplesse et votre liberté. Laissez au vestiaire votre armure et votre bouclier. Une certaine rigueur serait bien venue pour accomplir un travail délicat, mettez-la à profit, mais retrouvez l'aisance du geste et l'ouverture d'esprit. Ce sera pour vous une bouffée d'air pur qu'il ne tiendra qu'à vous de prolonger.

Exemple historique d'une année Chèvre/Métal

49 (avant J.-C.)

Deux hommes occupent le premier plan de la scène politique romaine : César et Pompée. Vainqueur des Belges, des Helvètes, et de Vercingétorix, César a tous les pouvoirs en Gaule. Pompée, qui s'est couvert de gloire en Asie, est le maître de l'Italie. Il représente par ailleurs le parti aristocratique des patriciens, alors que son rival se veut le défenseur des masses populaires. Un conflit semble donc inévitable.

« Pourtant, cette guerre civile même, César ne l'a pas expressément voulue ; il a tout fait pour l'éviter. Elle lui a été imposée par des adversaires qu'aveugle la haine. Pompée serait donc le principal responsable de la rupture. Mais il a réussi, même au prix de quelques violences et de quelques illégalités, à mettre la légitimité de son côté, et c'est cela qui gêne César. Voilà pourquoi il ne nous dit rien de ce fameux passage du Rubicon qui lui a été tant reproché : s'il n'avait tenu qu'à lui, nous ne connaîtrions même pas le nom de cet illustre ruisseau qui, sur la côte Adriatique, servait de frontière à la Gaule cisalpine et à l'Italie proprement dite. L'Italie étant un territoire civil, aucun général ne pouvait y mettre le pied à la tête de ses troupes en armes sans une autorisation expresse du sénat et du peuple. Franchir le Rubicon, se rendre à la tête de la treizième légion de Ravenne à Rimini, c'était de la part de César, se révolter contre l'ordre établi, si injuste et si précaire qu'il pût sembler. » (J. Madaule, *César*, Seuil.)

« Ayant rejoint ses cohortes au bord du Rubicon, écrit Suétone, il s'arrêta un moment et, songeant à la portée de son entreprise, il dit en se tournant vers sa suite : « Maintenant, nous pouvons encore revenir en arrière, mais une fois que nous aurons franchi ce petit pont, tout devra être réglé par les armes. »

« Comme il hésitait, il reçut un signe d'en haut. Un homme d'une taille et d'une beauté extraordinaire apparut soudain, assis tout près de là et jouant de la flûte ; des bergers étant accourus pour l'entendre ainsi qu'une foule de soldats des postes voisins, et parmi eux également des trompettes, cet homme prit à l'un d'entre eux son instrument, s'élança vers la rivière, et, sonnant la marche avec une puissance formidable, passa sur l'autre rive. Alors César dit : "Allons où nous appellent les signes des dieux et l'injustice de nos ennemis. Le sort en est jeté". »

Quelques semaines plus tard, Pompée est en fuite, et César entre à Rome en triomphateur. Mais la vraie guerre civile ne fait que commencer.

TABLEAU ANALOGIQUE
DES DIFFÉRENTS ÉLÉMENTS

Éléments	Bois	Feu
Années se terminant par	3 et 8	2 et 7
Couleurs	Vert	Rouge
Saisons	Printemps	Été
Climats	Vent	Chaleur
Saveurs	Acide	Amer
Organe principal	Foie	Cœur
Organe secondaire	Vésicule	Intestin grêle
Aliments	Blé, volailles	Riz, mouton

TABLEAU DE L'ENTENTE
ENTRE LES ÉLÉMENTS

			Femme Bois
OOO	excellent prospérité	**Homme Bois**	● ●
OO	bonne harmonisation compréhension	**Homme Feu**	O
O	nécessitant des efforts	**Homme Terre**	● ●
●	rivalités et problèmes de domination réciproque	**Homme Métal**	O
●●	mésentente et incompréhension	**Homme Eau**	O O

Terre	Métal	Eau
0 et 5	4 et 9	1 et 6
Jaune	Blanc	Bleu
Fin d'été	Automne	Hiver
Humide	Sec	Froid
Doux	Piquant	Salé
Rate	Poumons	Reins
Estomac	Gros intestin	Vessie
Maïs, bœuf	Avoine, Cheval	Pois, porc

Femme Feu	Femme Terre	Femme Métal	Femme Eau
○	○ ○ ○	○	○ ○
○	○ ○	●	● ●
○ ○	○ ○	○ ○ ○	●
● ●	●	● ●	○ ○ ○
● ●	●	○ ○ ○	○

LA CHÈVRE DES QUATRE SAISONS

須聚得些子氣在這裏否曰

固不可。然聖人如此說便是

Si vous êtes né au printemps

CHÈVRE/BÉLIER

Les natifs du Bélier sont des impulsifs indépendants qui aiment « choquer » leur entourage rien que pour s'amuser. Les « Chèvres » sont dépendantes mais excentriques. L'être marqué par ces deux signes risque donc d'être provocant, instable, agissant sous l'influence d'enthousiasmes successifs. Il a besoin d'être guidé, sans excès ; en fait, il lui faudrait, pour s'ébattre, un parc spacieux, cerné de murs bien dissimulés par les arbres : sécurité totale avec une impression de liberté, voilà l'idéal. Autrement, une Chèvre/Bélier trop livrée à elle-même risque de faire pas mal de petites bêtises, de gambader sur les plates-bandes d'autrui, d'écraser joyeusement quelques susceptiblités, et de lasser les bonnes volontés par son manque de persévérance et de sens des responsabilités.

La Chèvre/Bélier est sociable et optimiste (certains qualifieront cela d'inconscience...). Elle a besoin d'évoluer dans un milieu décontracté, parmi des gens ne se posant pas de questions inutiles, et de pouvoir donner libre cours à sa fantaisie. Moyennant quoi elle est charmante. En fait elle est douée pour des métiers artistiques mais actifs : radio, télévision par exemple. Elle peut faire un excellent « interviewer ». Commenter les risques, ou en faire une chanson, lui va mieux que les courir.

CHÈVRE/TAUREAU

Cet alliage du plus stable des signes de terre et du « nuage » est positif, car il contribue pas mal à ramener sur terre les sabots vagabonds de la Chèvre. En revanche, la lenteur ruminante du Taureau n'aidera pas la Chèvre à devenir combative et décidée. Le « Chèvre/Taureau » est calme, intuitif, artiste dans le sens concret du terme : il a besoin de toucher pour ressentir. Il travaille paisiblement, et en aucun cas ne se laissera impressionner par des détails absurdes comme les délais de finition. Si vous l'agacez trop en lui disant que vous avez besoin qu'il termine de sculpter

ce meuble avant le 15, il vous plantera là en souriant, avec une armoire sans portes sur les bras.

Cet être un peu rêveur déteste les changements brusques, les atmosphères de violence et les conflits. Son bonheur, ce serait une existence bucolique avec tout ce qu'il désire à portée de la main. Sinon il risque de bâiller et de choisir la satisfaction la plus accessible pour ne pas se donner trop de mal. La Chèvre/Taureau est affectueuse, un peu timide en société, mais amusante en petit comité.

Sa plasticité rend la Chèvre/Taureau capable de réussir à condition qu'on lui prépare un canevas d'action.

CHÈVRE/GÉMEAUX

Naturellement, l'influence des Gémeaux amplifie certains défauts de la Chèvre : instabilité, irresponsabilité, caprice, etc. Mais développe ses capacités mentales. La Chèvre/Gémeaux est un véritable chef-d'œuvre de fantaisie et d'humour. Ses dons d'amuseur, de conteur sont certains, d'ailleurs, pour peu qu'elle se sente en confiance, elle devient bavarde comme une pie, n'hésitant pas à sauter du coq à l'âne et à effectuer, entre des sujets contradictoires, les rapprochements les plus inattendus. Verbalement, rien ne lui est impossible, mais ses raisonnements sont parfois un peu « tirés par les cheveux ».

La Chèvre/Gémeaux a un don remarquable pour l'imitation. A l'aise dans tous les rôles, adorant changer de costume, elle peut faire un excellent clown... Et de toutes façons un parfait comédien. Inutile de préciser que cet individu fantasque n'est pas fait pour la bureaucratie. S'il ne peut devenir chansonnier, il fera un bon commerçant, à condition d'être, matériellement ou affectivement, associé à un, ou une, expert-comptable. Car la gestion n'est pas son fort... Il n'est pas fait non plus pour défendre des idées dans une assemblée. Il écoute trop les autres et se laisse influencer par le dernier qui a parlé, tout simplement parce qu'il est très disponible et peu sûr de lui.

Chèvre/Taureau : une bucolique

Si vous êtes né en été

CHÈVRE/CANCER

Mélangé au signe de la Chèvre, celui du Cancer voit beaucoup de ses tendances profondes s'amplifier − avec une prédilection pour ses ambivalences. Le Cancer né pendant une année de la Chèvre est particulièrement tiraillé entre son besoin de sécurité et son attirance pour la fantaisie. Il n'arrive que très difficilement à concilier les deux, et se sent excessivement malheureux s'il manque de l'un ou de l'autre. Souvent insatisfait ou romantiquement mélancolique, il a un comportement imprévisible qui varie d'une instabilité choquante à une ténacité étonnante. Cela dépend davantage de son humeur que des circonstances...

Le Cancer est dépendant de ses affections ; la Chèvre est dépendante tout court. L'être marqué par cet amalgame se débrouille mal et perd beaucoup de temps s'il n'a pas à ses côtés une personne aimante et patiente, capable de le sécuriser mais aussi de le bousculer un peu de temps en temps. Une fois engagée dans une voie qui lui plaît, la Chèvre/Cancer ira son petit bonhomme de chemin et l'agrémentera de quelques refrains originaux. Mais ce qui est tragique, chez elle, c'est la difficulté à démarrer. Elle est capable, cinq minutes après un départ important, de s'asseoir par terre et de rêver à l'arrivée. Il faudrait l'aiguillonner sans cesse... Et ce n'est pas évident, car elle est attendrissante, et se croit vraiment tellement, tellement fatiguée...

CHÈVRE/LION

Attention, cette Chèvre-là est dotée de pouvoirs particuliers. Elle a des cornes d'or... Avec le dynamisme du Lion pour la soutenir, elle peut devenir brillante, caracolante, et se satisfaire d'un succès obtenu grâce à un mélange subtil d'audace naïve, d'opportunisme et d'habileté à se mettre en valeur. Tout ce qu'elle fait a l'air facile ; pourtant c'est

Chèvre/Cancer : rêveuse et artiste

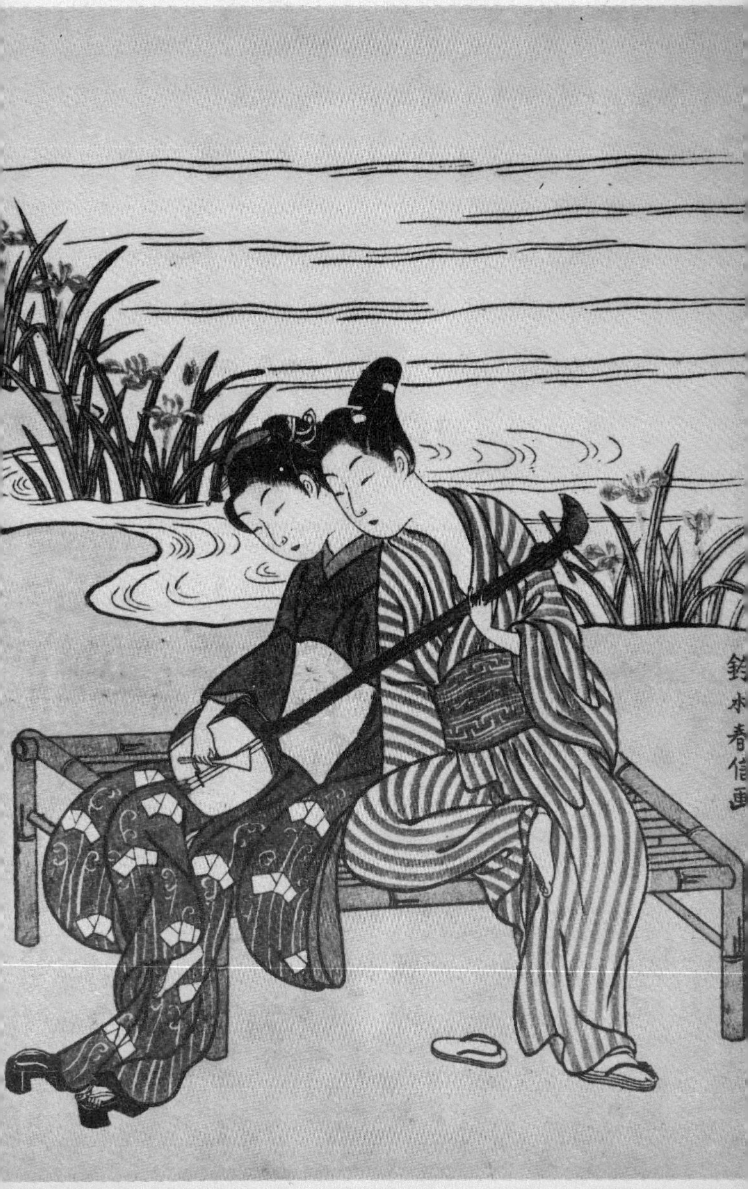

souvent le résultat d'un travail acharné. La personne marquée à la fois par ces deux signes aime la réussite. Elle est beaucoup moins dépendante que les autres Chèvres mais sait à merveille utiliser les appuis et se servir des généreux mécènes. Ici, les intérêts et le sentiment sont dissociés afin d'obtenir un maximum d'efficacité.

La Chèvre née sous le signe du Lion est réellement la plus apte à se débrouiller seule, avec juste quelques tremplins passagers. Mais sa susceptibilité parfois maladive (due au fond à un manque de confiance en soi) la conduit à souvent réagir par orgueil blessé, et à fanfaronner. Elle est pourtant plus vulnérable qu'elle ne le paraît, et a besoin d'un équilibre familial, sinon, à force de courir après le succès, elle se retrouvera épuisée, et seule.

CHÈVRE/VIERGE

L'influence du signe de la Vierge diminue considérablement le côté instable et un peu excentrique de la Chèvre mais accentue ses tendances à l'incertitude et à l'hésitation. La « Chèvre/Vierge » est souvent une personne inquiète, nerveuse, voire un peu fébrile, lorsqu'elle doit prendre une décision rapide, et sa confiance en ses capacités est assez limitée. De capricieuse elle devient timide et au lieu de caracoler, elle avance à pas comptés, craignant les peaux de bananes et autres pièges dans lesquels tomberaient les impulsifs.

Une grande habileté se dégage de ce mélange. La Chèvre/Vierge est adroite : elle fait n'importe quoi de ses mains, à condition que ce soit un travail qui lui plaît, et qui comporte un petit quelque chose d'esthétique. Elle est d'ailleurs fort consciencieuse et attentionnée, pour une Chèvre.

Les plus grandes difficultés de la Chèvre/Vierge seront affectives. Il y a en elle quelque chose de naïf, de romantique, qui se transforme aisément en une méfiance injustifiée au moindre petit grain de sable dans l'engrenage de ses hiérarchies personnelles. Difficile à séduire, elle ferait bien d'éviter, autant que possible, les ruptures et les situations conflictuelles.

Si vous êtes né en automne

CHÈVRE/BALANCE

Le problème de la Chèvre/Balance est avant tout de trouver son équilibre. En effet, son extrême sensibilité au milieu, son côté « harmonie à tout prix » ne facilite pas son insertion sociale, même si par ailleurs elle est agréable, policée, avec juste le petit grain de fantaisie qu'il faut pour que l'on se dise, en la voyant « quelle personne charmante, bien élevée et pas ennuyeuse ! »

La Chèvre/Balance trouve rarement du premier coup son territoire d'élection, car son choix dépend d'une infinité de détails qui, souvent, l'empêchent de dormir. En revanche, une fois « dans son domaine » elle n'en bouge plus et s'emploie, en permanence, à le rendre de plus en plus accueillant, de plus en plus agréable. Elle manque un peu d'esprit de décision et n'est pas douée pour la compétition. Le forcing ne la concerne pas. Si elle parvient à une réussite, ce sera grâce à ses dons d'adaptation et de diplomatie. Très esthète, la Chèvre/Balance est également hyper affectueuse, et très dépendante de ceux qu'elle aime ; elle est incapable de vivre seule.

CHÈVRE/SCORPION

Les personnes nées durant une année de la Chèvre sont pacifiques et l'agressivité ne fait pas partie de leur arsenal personnel. L'influence du Scorpion ne suffira pas à leur insuffler un quelconque venin. En revanche, elles deviennent, sous cet alliage, susceptibles et défensives en diable. Tout aussi capricieuses, mais moins dépendantes que les autres Chèvres, elles ont l'air badin, mais il ne faut pas s'y fier : en général elles savent très bien ce qu'elles ne veulent pas, à défaut de savoir ce qu'elles veulent. Et si vous cherchez à les diriger, à les protéger... Vous risquez de recevoir un bon coup de corne.

Les Chèvres/Scorpion sont particulièrement créatives et leur intuition est remarquable. Elles adorent les longues conversations, les confidences sur l'oreiller, et sont très passionnées dans l'intimité. Elles sont aussi fort rancunières. La mule du pape était peut-être Chèvre/Scorpion... Toujours anxieuses, voire angoissées, elles ont besoin d'une vie stable pour ne pas se perdre en complications.

CHÈVRE/SAGITTAIRE

Cette Chèvre idéaliste est attirée par les horizons lointains et se montre volontiers vagabonde. Si elle ne peut, dans sa vie quotidienne, poser sans cesse ses regards sur de nouveaux paysages, elle remplira son appartement d'objets d'art exotiques et un peu baroques, mais aussi de divans confortables.

La Chèvre/Sagittaire est moins créative que les autres Chèvres, mais plus dynamique et surtout plus aventureuse. Elle risque même de mal mesurer les dangers qu'elle court. Indépendante dans son comportement, pourvue d'une grande liberté d'allure et d'une élégance innée, totalement dénuée de sophistication, elle demeure dépendante d'un certain nombre de préceptes moraux qui servent de base à son action.

Jeune, c'est une rebelle en puissance, un peu irresponsable, impulsive, et ses travaux manquent souvent de préparation. Plus âgée, elle se stabilise et devient plus conformiste ; mais certaines Chèvre/Sagittaire peuvent continuer leur vagabondage curieux, jusqu'à leur dernier souffle. Autonome, optimiste, cette Chèvre-là ne doit pas être contrainte : si on la bloque dans un pâturage, même verdoyant et gras à souhaits, elle sautera les barrières. Ne pas l'enfermer, SVP.

Chèvre/Scorpion : susceptible en diable

Si vous êtes né en hiver

CHÈVRE/CAPRICORNE

Plus sérieuse et réfléchie que la plupart, cette Chèvre-là aimera l'art, comme toutes ses consœurs, mais ses créations seront marquées du label de l'authenticité. De préférence, la Chèvre/Capricorne ne s'étendra jamais sur un sujet qu'elle ne connaît pas. Ses gestations seront longues et ses accouchements souvent fastidieux. Mais en revanche, relativement sûre de son talent (je précise : relativement, car elle n'en sera jamais totalement sûre), la Chèvre/Capricorne sera intarissable.

Discrète, elle a de l'humour et se détend volontiers dans un cercle intime ; mais en public elle peut sembler fière ou hostile. Elle est simplement timide. Pour être et rester de ses amis, il faut éviter de l'obliger à une vie mondaine qu'elle déteste, ne jamais lui demander de faire un travail rapidement et à l'improviste, se résigner à l'idée qu'elle manifeste peu ses sentiments (elle ne vous accepterait pas dans son entourage si elle ne vous aimait pas) et, de temps en temps, lui poser quelques bonnes questions indiscrètes, pour la secouer un peu. Après être passée par toutes les couleurs de l'arc-en-ciel, elle vous répondra la vérité, car elle est honnête... Elle est aussi assez impressionnable. Chèvre à ménager...

CHÈVRE/VERSEAU

Rien ici ne vient freiner les tendances caprines à l'excentricité et à la désinvolture. Rien non plus ne freine son altruisme... Et son détachement confinant à l'inconscience vis-à-vis des responsabilités matérielles. En outre, le goût du confort de la Chèvre/Verseau est limité : elle pourrait aussi bien vivre de sandwiches, une guitare à la main, couchant sur les bancs publics, que dans un palace. Son comportement n'y changera pas d'un iota : elle se tartinera des sandwiches au caviar en louchant sur les fenêtres ouvertes. Autant le savoir : la Chèvre/Verseau n'est pas intéressée. On ne l'attache pas à un piquet en lui

promettant deux repas par jour. Elle supportera quelque temps, histoire de faire une nouvelle expérience, puis s'en ira sans remords ni regrets.

La Chèvre/Verseau est capable du meilleur et du pire : tantôt elle atteindra des sommets, tantôt elle pataugera dans l'irréalisme le plus total. Si vous voulez vivre avec elle, suivez-la. Emportez quelques provisions simples et un parapluie pour l'abriter quand il pleut, autrement elle finirait poitrinaire. Servez-lui à la fois de garde-fou, de mécène, de papa, de maman et de meilleure copine : elle ne vous quittera jamais. D'ailleurs, ce n'est pas certain qu'elle s'aperçoive de votre présence... N'oublions pas que le « nuage » qui symbolise la Chèvre, mêlé à l'air du Verseau, ne produit pas un mélange solide.

CHÈVRE/POISSONS

Sentimentale et dévouée, la Chèvre/Poissons a besoin d'être utile à son entourage, mais ausi, et plus que les autres, d'être protégée. Elle a un caractère agréable, un peu rêveur, de l'imagination et des ressources infinies de fuite devant les réalités gênantes. Artiste jusqu'au bout des sabots, elle crée comme elle respire, sans tellement penser à la valeur marchande de ses œuvres. Épaulée par quelqu'un de dynamique et de concret, elle fera merveille.

La Chèvre/Poissons n'est pas contrariante et elle déteste faire de la peine : Ses parents devront prendre garde à l'influence qu'ils auront dans son choix d'une profession. En effet, elle est capable de végéter des années dans un bureau, sans oser protester ou sans en voir vraiment l'utilité, incertaine de pouvoir faire autre chose mais profondément insatisfaite.

Son subconscient est un vaste chaos cosmique et le génie y bouillonne dans la même marmite que l'inadaptation et la folie. Son conscient n'est guère plus ordonné. Comment faire un choix cohérent entre des possibilités aussi multiples ? Comment savoir ce que l'on veut ou ne veut pas, qui l'on aime et qui l'on déteste, alors que toutes ces sensations sont en perpétuel mouvement ? Aidez-la par votre affection mais ne cherchez pas trop à la canaliser, car attention : c'est souvent en se perdant qu'elle se trouve. Rien n'est simple...

LE JEU ASTROLOGIQUE DU YI-KING

止不受死。於是太子廻車還宮,愍念眾生有老病死苦惱大

當然是身爲死物,精神無形法假令死復生,罪福不敗亡終

LE YI KING ET LA CHÈVRE

Le Yi King est un jeu divinatoire. Vous posez votre question, vous obtenez une réponse. Mais en posant votre question, vous la posez avec votre identité CHÈVRE. Les rouages, le mécanisme complexe de votre esprit viennent de se mettre en route. Vous posez une question CHÈVRE, le Yi King répond une « solution » CHÈVRE sur laquelle vous pourrez méditer en CHÈVRE avant d'y porter une conclusion CHÈVRE.

Pour vous, Maître CHÈVRE, voici les 64 hexagrammes du Yi King, 64 hypothèses... CHÈVRE.

L'opérateur se trouvera devant un hexagramme qui est « l'hypothèse-réponse » à sa question, ou plus justement la synthétisation des forces qui se meuvent pour l'affaire ou l'événement attendu.

Comment procéder :

1. *La question.*

Posez une question, au sujet de n'importe quel problème, passé, présent ou à venir, vous concernant personnellement. (Pour quelqu'un de votre entourage, consultez le jeu du Yi-King correspondant à son signe chinois, dans l'ouvrage consacré à son signe.)

2. *Le tirage.*

Il doit s'effectuer dans la concentration.
Prenez **trois pièces de monnaie** ordinaires et semblables — par exemple trois pièces de vingt-cinq cents.

Avant de commencer adoptez la convention suivante :

Face = *le chiffre 3*

Pile = *le chiffre 2*

Jetez les pièces.

Si le résultat est : deux pièces côté Face et, une côté Pile, vous inscrivez 3 + 3 + 2. Vous obtenez donc un total de 8, que vous représentez par un trait plein ▬▬▬

Même figure si vous avez trois côtés Face (3 + 3 + 3 = 9)

Si vous obtenez deux côtés Pile et un côté Face (2 + 2 + 3 = 7) ou trois côtés Pile (2 + 2 + 2 = 6), vous dessinez deux traits séparés ▬ ▬

En résumé, 8 et 9 correspondent à ▬▬▬ (Yang)

6 et 7 correspondent à ▬ ▬ (Yin)

Répétez cette opération *six fois*, en notant lors de chaque jet la figure obtenue, que vous dessinerez, sur un papier, en procédant, de la première à la sixième figure, de bas en haut.

Le résultat final, comprenant un trigramme du bas, ou trigramme inférieur (exemple : ▬ ▬▬), et un trigramme du haut, ou trigramme supérieur (exemple : ▬▬ ▬) sera

un hexagramme du Yi King, dans notre exemple :

Vous n'aurez plus qu'à rechercher son numéro dans la table *(page 106)*, puis à consulter la liste des hexagrammes pour trouver la réponse attendue. Dans notre exemple, l'hexagramme obtenu est le 63.

TABLE DES HEXAGRAMMES

Trigrammes	supérieurs		
	☰	☷	☳
Inférieurs			
☰	1	11	34
☷	12	2	16
☳	25	24	51
☵	06	7	40
☶	33	15	62
☱	44	46	32
☲	13	36	55
☴	10	19	54

Utilisez cette table pour retrouver les hexagrammes.
Le point de rencontre entre les trigrammes inférieur
et supérieur indique le numéro de l'hexagramme
que vous recherchez.

supérieurs

☵	☶	☴	☲	☱
5	26	9	14	43
8	23	20	35	45
3	27	42	21	17
29	4	59	64	47
39	52	53	56	31
48	18	57	50	28
63	22	37	30	49
60	41	61	38	58

黃初平

LES HEXAGRAMMES DE LA CHÈVRE

K'IEN

1 *Le créateur :* l'énergie, la force et la volonté. La Chèvre, artiste et créatrice, devra mesurer le temps, et s'allier à lui, afin de réaliser son œuvre.

K'OUEN

2 *Le réceptif :* symbole de la terre-mère, la Chèvre intuitive ne pourra manquer d'y puiser force et inspiration.

TCHOUEN

3 *La difficulté initiale :* ne vous entêtez pas et cherchez à démêler l'écheveau de la confusion, remontez à la source première, et non aux causes superficielles.

MONG

4 *La folie juvénile :* « ce n'est pas moi qui recherche le jeune fou, c'est le jeune fou qui me recherche. » Bien qu'une étoile porte votre nom, ce n'est point pour cela que vous brillez. La Chèvre insouciante, niant le danger, devra se montrer un peu raisonnable.

SU

5 *L'attente :* gare aux ruades et aux coups de cornes : la patience s'apprend et se récompense...

SONG

6 *Le conflit :* soyez bon joueur, acceptez l'arrangement, c'est plus sage, et plus avantageux.

SZE

7 *L'armée :* bien que vous ne soyiez pas de nature soumise, il faudra faire un effort et entrer dans le rang, au moins momentanément.

PI

8 *La solidarité :* pour votre bergerie, choisissez de préférence un plateau abrupt et solitaire, afin d'assurer votre défense.

SIAO TCH'OU

9 *Le pouvoir d'apprivoisement du petit :* c'est parfois d'un petit nuage que jaillit la grande pluie...

LI

10 *La marche :* « Marchez sur la queue d'un Tigre, il ne mord pas l'homme ». Après avoir rencontré le loup, bravez le Tigre ; un conseil, mettez-y les formes : c'est plus prudent...

TAI

11 *La paix :* pour la conserver, choisissez la dérobade, prenez la clef des champs, sans chercher à vous expliquer...

P'I

12 *La stagnation :* est souvent nécessaire, elle favorise la réflexion avant l'action, et évite ainsi de se jeter parfois tête baissée, dans le vide...

T'ONG JEN

13 *La communauté avec les hommes :* la Chèvre indépendante devra descendre de ses sommets rocheux, pour aller à la rencontre des hommes. Cessez de vous isoler en haut de la montagne − en gémissant sur votre solitude.

TA YEOU

14 *Le Grand Avoir :* la réussite est imminente, alors ne la gaspillez point par insouciance et par caprice...

K'IEN

15 *L'humilité :* recherchez l'équilibre et la juste mesure – mais pas nécessairement au-dessus du précipice.

YU

16 *L'enthousiasme :* vos belles intentions ne suffiront point : allez sans vous cabrer, au-devant des circonstances. Payez de votre personne.

SOUEI

17 *La suite :* ...après l'enthousiasme, on vous ouvrira les portes du jardin et du verger, alors, régalez-vous – mais ne grignotez pas les rosiers.

KOU

18 *Le travail sur ce qui est corrompu :* il y a des dangers d'éboulement, changez de chemin, ne soyez pas inconscient... par bravade.

LIN

19 *L'approche :* elle sera lente et progressive, mais enrichie d'une multitude de perspectives différentes.

KOUAN

20 *La contemplation :* grimpez au sommet de la tour : si c'est pour obtenir une meilleure visibilité, c'est parfait, si c'est pour un exercice d'équilibriste, visez moins haut – ou mettez un filet.

CHE HO

21 *Mordre au travers ou le procès criminel :* sortez vos cornes et aiguisez vos sabots ; la punition est parfois une épreuve douloureuse pour celui qui l'inflige, mais juste et nécessaire face au mensonge et à ses résultats...

PI

22 *La grâce :* même si le flacon vous attire, n'en oubliez pas le contenu, c'est lui seul qui importe.

PO

23 *L'éclatement :* les fondations pourrissent, n'hésitez pas à raser, vous vous préoccuperez de la décoration plus tard, ou ailleurs...

FOU

24 *Le retour :* sortez de votre cachette, de votre trou, l'orage est passé, les nuages noirs aussi.

WOU WANG

25 *L'innocence :* est synonyme d'intuition ; la Chèvre pourra l'utiliser comme guide, à condition de rester honnête et lucide. Ne vous entêtez pas en cas d'erreur.

TA TCH'OU

26 *Le pouvoir d'apprivoisement du grand :* puissance et force, mais pour cela il faut savoir se renouveler. En tirant sur la corde, elle finit par craquer : il vaut mieux savoir la dénouer, ou arracher le piquet.

YI

27 *Les commissures des lèvres :* n'ayez pas les yeux plus grands que le ventre, et ne saturez pas votre tête de connaissances inutiles. Il faut savoir sélectionner, se limiter... pour bien digérer.

TA KOUO

 28 *La prépondérance du grand :* n'attendez pas de vous écrouler sous le poids de votre chargement, abandonnez-en une partie en route, les héros morts ne servent à rien.

KAN

 29 *L'insondable, l'eau :* si vous marchez le long d'une corniche, ne regardez pas le précipice.

LI

 30 *Ce qui s'attache, le feu :* si vous pratiquez l'alpinisme, ne venez pas pleurer avec votre peur du vide, encordez-vous.

HIEN

 31 *L'influence :* attirance mutuelle, besoin de rapprochement : vous irez gambader et trottiner un autre jour...

HONG

 32 *La durée :* soyez lucide sur vous-même, et bousculez-vous un peu. La durée nécessite la force de caractère.

TCHOUEN

 33 *La retraite :* sur la pointe des sabots est parfois synonyme de sagesse et d'intelligence, à condition qu'on ne vous guette pas au tournant.

TA TCH'OUANG

 34 *La puissance du grand :* même si vous êtes doué pour le saut de crevasse, ne vous laissez pas griser, les chutes peuvent être mortelles, ralentissez.

TSIN

35 *Le progrès :* n'hésitez pas à grimper sur les planches, la scène ou le podium, découvrez vos dons, montrez-les au public, mais ne refusez pas d'en partager les fruits avec un collaborateur, fût-il resté dans l'ombre.

MING YI

36 *L'obscurcissement de la lumière :* après les orages et les grandes tempêtes, vient la nuit, attendez que cela se passe, à l'intérieur, comme à l'extérieur : patience et système « D »...

KIA JEN

37 *La famille :* bien que vous soyez de nature volage, vous l'envisagez comme une sécurité et un confort. Alors, pour une fois, faites un effort.

K'OUEI

38 *L'opposition :* tout le monde n'est pas Chèvre céleste, soyez tolérant, de la diversité naît l'harmonie − votre intuition et votre finesse feront le reste...

KIEN

39 *L'obstacle :* il y a plusieurs façons de le franchir, envisagez toutes les possibilités, vous multiplierez vos chances.

HIAI

40 *La libération :* quittez votre « bergerie », l'hiver est passé, place au printemps...

SOUEN

41 *La diminution :* la Chèvre aime les belles choses, et le luxe, hélas elle devra se contenter d'un cadre plus modeste en attendant le retour des beaux jours...

YI

42

L'augmentation : saisissez l'occasion, vous êtes sous une bonne étoile. Votre épanouissement dépendra de votre sens de l'opportunité.

KOUAI

43

La percée : la Chèvre marchera la tête haute, la pelisse blanche et pure, dénonçant l'erreur ou la faute ; attention on vous regarde, on vous écoute, pour une fois gardez votre sérieux.

KEOU

44

Venir à la rencontre : n'acceptez pas le gîte, au risque de vous retrouver privé de votre liberté, et méfiez-vous des eaux dormantes, elles sont un miroir dangereux...

TS'OUEI

45

Le rassemblement : méfiez-vous des parasites et renforcez les structures qui donnent un sens à votre vie : famille, culture, idéaux politique ou philosophique.

CHENG

46

La poussée vers le haut : séduisant pour la Chèvre attirée par les pics rocheux, mais ne partez pas sans équipement, ni provisions, préparez l'expédition, soignez les détails.

K'OUEN

47

L'accablement : ne paniquez pas si le tonus vient à vous manquer, acceptez-le et cherchez-en la cause ; par contre, attention à votre crédibilité...

TSING

48

Le puits : vous aimez bien remettre en cause votre vie et vos idées, c'est une bonne chose, mais n'oubliez pas qu'après un « déménagement » il faut emménager : ne laissez pas les « meubles » devant votre porte.

KO

49 *La révolution :* est un mal nécessaire. Si on ne peut l'éviter, la considérer comme une alternance du blanc et du noir, du Yin et du Yang...

TING

50 *Le chaudron :* symbolise les cinq Éléments : Terre-Bois-Feu-Eau-Métal. Nourritures du corps et de l'esprit. Bouillon de légumes, ou de sorcière... Quoi qu'il en soit, maintenez-le au chaud.

TCHEN

51 *L'éveilleur, l'ébranlement, le tonnerre :* il y a des coups de lune, des coups de foudre et des coups durs. Ils sont parfois révélateurs d'une situation qui menaçait d'éclater, la Chèvre effectuera quelques cabrioles, récoltera peut-être quelques bleus, et reprendra sa route calmement.

KEN

52 *L'immobilisation :* c'est dans la solitude que vous trouverez le calme nécessaire au rétablissement de votre équilibre. Acceptez l'instant présent sans chercher davantage.

TSIEN

53 *Le progrès graduel :* inutile de gravir les marches quatre à quatre pour arriver le premier, on vous fera attendre sur le palier...

KOUEI MEI

54 *L'épousée :* fortune et bonheur au conditionnel... Alléchant, mais restez prudent.

FONG

55 *L'abondance :* période de prospérité et de plénitude, profitez-en pour vous conditionner moralement, en cas de pénurie...

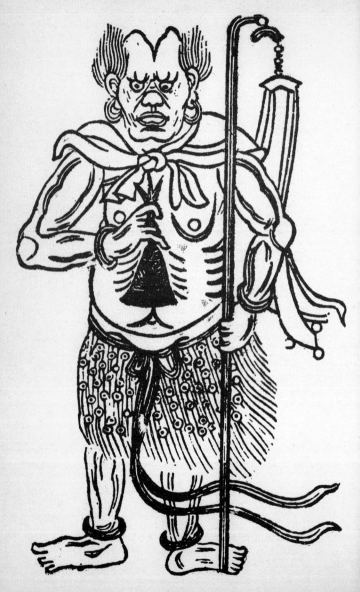

LIU

56 *Le voyageur :* prenez le large, la poudre d'escampette, vos distances, bref, n'hésitez pas à rompre la corde, mais assurez-vous un point de chute, sans rancœur, ni esprit de conquête, sinon ce serait une chute... libre.

SOUEN

57 *Le doux :* semblable au nuage et à la brise légère, inlassablement il passe, repasse, s'infiltre, ayant raison de toute force ou influence.

TOUEI

58 *Le serein, le joyeux :* la Chèvre devra partager sa fantaisie et ses rêves...

HOUAN

59 *La dissolution :* soyez moins désinvolte et plus attentif aux autres. La désinvolture est une forme de l'égoïsme.

TSIE

60 *La limitation :* ne s'impose pas à coups de barrières mentales ou physiques ; c'est une thérapeutique, ne l'appliquez pas si elle ne vous convient pas.

TCHONG FOU

61 *La vérité intérieure :* ne s'étale pas comme du beurre sur une tartine, votre attitude seule peut en démontrer l'évidence. Des actes, pas des paroles.

SIAO KOUO

62 *La prépondérance du petit :* inutile de vous amuser à sauter les grandes crevasses alors que vous avez une entorse. Agissez selon vos moyens, et ils sont, pour l'instant, limités...

KI TSI

63 *Après l'accomplissement :* si vous vous sentez en état de plénitude et d'épanouissement, profitez-en ; après l'apogée vient la décadence...

WEI TSI

64 *Avant l'accomplissement :* n'annoncez pas la mort du loup avant de l'avoir tué. Rappelez-vous qu'il peut montrer patte blanche. Rangez votre farine...

TABLEAU GÉNÉRAL
DES ANNÉES CORRESPONDANT
AUX SIGNES CHINOIS (1)

LE RAT	LE BUFFLE	LE TIGRE
31.1.1900 / 18.2.1901	19.2.1901 / 7.2.1902	8.2.1902 / 28.1.1903
18.2.1912 / 5.2.1913	6.2.1913 / 25.1.1914	26.1.1914 / 13.2.1915
5.2.1924 / 24.1.1925	25.1.1925 / 12.2.1926	13.2.1926 / 1.2.1927
24.1.1936 / 10.2.1937	11.2.1937 / 30.1.1938	31.1.1938 / 18.2.1939
10.2.1948 / 28.1.1949	29.1.1949 / 16.2.1950	17.2.1950 / 5.2.1951
28.1.1960 / 14.2.1961	15.2.1961 / 4.2.1962	5.2.1962 / 24.1.1963
15.2.1972 / 2.2.1973	3.2.1973 / 22.1.1974	23.1.1974 / 10.2.1975

LE CHAT	LE DRAGON	LE SERPENT
29.1.1903 / 15.2.1904	16.2.1904 / 3.2.1905	4.2.1905 / 24.1.1906
14.2.1915 / 2.2.1916	3.2.1916 / 22.1.1917	23.1.1917 / 10.2.1918
2.2.1927 / 22.1.1928	23.1.1928 / 9.2.1929	10.2.1929 / 29.1.1930
19.2.1939 / 7.2.1940	8.2.1940 / 26.1.1941	27.1.1941 / 14.2.1942
6.2.1951 / 26.1.1952	27.1.1952 / 13.2.1953	14.2.1953 / 2.2.1954
25.1.1963 / 12.2.1964	13.2.1964 / 1.2.1965	2.2.1965 / 20.1.1966
11.2.1975 / 30.1.1976	31.1.1976 / 17.2.1977	18.2.1977 / 6.2.1978

LE CHEVAL	LA CHÉVRE	LE SINGE
25.1.1906 / 12.2.1907	13.2.1907 / 1.2.1908	2.2.1908 / 21.1.1909
11.2.1918 / 31.1.1919	1.2.1919 / 19.2.1920	20.2.1920 / 7.2.1921
30.1.1930 / 16.2.1931	17.2.1931 / 5.2.1932	6.2.1932 / 25.1.1933
15.2.1942 / 4.2.1943	5.2.1943 / 24.1.1944	25.1.1944 / 12.2.1945
3.2.1954 / 23.1.1955	24.1.1955 / 11.2.1956	12.2.1956 / 30.1.1957
21.1.1966 / 8.2.1967	9.2.1967 / 28.1.1968	29.1.1968 / 16.2.1969
7.2.1978 / 27.1.1979	28.1.1979 / 15.2.1980	16.2.1980 / 4.2.1981

LE COQ	LE CHIEN	LE SANGLIER
22.1.1909 / 9.2.1910	10.2.1910 / 29.1.1911	30.1.1911 / 17.2.1912
8.2.1921 / 27.1.1922	28.1.1922 / 15.2.1923	16.2.1923 / 4.2.1924
26.1.1933 / 13.2.1934	14.2.1934 / 3.2.1935	4.2.1935 / 23.1.1936
13.2.1945 / 1.2.1946	2.2.1946 / 21.1.1947	22.1.1947 / 9.2.1948
31.1.1957 / 15.2.1958	16.2.1958 / 7.2.1959	8.2.1959 / 27.1.1960
17.2.1969 / 5.2.1970	6.2.1970 / 26.1.1971	27.1.1971 / 14.2.1972
5.2.1981 / 24.1.1982	25.1.1982 / 12.2.1983	13.2.1983 / 1.2.1984

(1) *Les dates indiquées précisent le* **premier** *et* **dernier** *jour de l'année du signe.*

TABLE DES MATIÈRES

QUATRIÈME PARTIE :

CINQUIÈME PARTIE :

BIBLIOGRAPHIE

Catherine Aubier « *Astrologie Chinoise* » (France-Amérique)
Paula Delsol « *Horoscopes chinois* » (Mercure de France)
Xavier Frigara et Helen Li « *Tradition Astrologique chinoise* » (Dangles)
Jean-Michel de Kermadec « *Les huit signes de votre destin* » (L'Asiathèque)
Suzanne White « *L'astrologie chinoise* » (Tchou)

Pour le Yi-King :
Le livre des Mutations, (Éditions Médicis)
Le Yi-King, par Dominique Devic, (L'Autre Monde, n° 16)

ICONOGRAPHIE

● Collection personnelle des auteurs et du maquettiste.

Pour la quatrième partie :

● Japanese Prints - Drawings from the Vever Collection. Jack Millier Tomes 1, 2 et 3 (SOTHEKY PARKE BERNET, 1976).
● Gale Catalogue of Japanese Paintings and Prints - Jack Millier (Saners - Valansot Publication, 1970).

Achevé d'imprimer
en mars mil neuf cent quatre-vingt-trois
sur les presses de l'Imprimerie Gagné Ltée
Louiseville - Montréal.

Dépôt légal: 1er trimestre 1983
Bibliothèque nationale du Québec
Bibliothèque nationale du Canada

Imprimé au Canada